O EIN GOTT IST DIE LEHRKRAFT, WENN SIE TRÄUMT,
EIN BETTLER, WENN SIE NACHDENKT.
(frei nach Friedrich Hölderlin)

Impressum

Disziplin im Klassenzimmer

Dieter Krowatschek, Schulpsychologe und Lehrer. Viele Jahre lang führte er Trainings für hyperaktive Kinder durch und entwickelte zahlreiche Materialien für den Einsatz in der Schule, um unruhige und schwierige Schüler zu motivieren und in den Unterricht einzubinden. Der engagierte Schulpsychologe verstarb 2011.

Gita Krowatschek ist Kinderpsychologin in Berlin mit dem Schwerpunkt ADHS-Kinder. Sie arbeitet an der Universität der Künste und unterrichtet angehende Lehrer und Lehrerinnen. Zusammen mit ihrem Onkel erstellte sie Trainigsprogramme für die Schule.

Gordon Wingert ist Kinder- und Jugendpsychologe. Er unterrichtet an einer Berufsschule. Er arbeitet bei der Konzipierung und Durchführung des Marburger Trainings mit. Im Schwerpunkt trainiert er Gruppen von hyperativen Kindern.

5. Auflage 2015
© AOL-Verlag, Hamburg
AAP Lehrerfachverlage GmbH
Alle Rechte vorbehalten.

Veritaskai 3 · 21079 Hamburg
Fon (040) 32 50 83-060
Fax (040) 32 50 83-050
info@aol-verlag.de
www.aol-verlag.de

Layout/Satz: Thorsten Allgeier

ISBN: 978-3-8344-5840-7

Das Werk als Ganzes sowie in seinen Teilen unterliegt dem deutschen Urheberrecht. Der Erwerber des Werkes ist berechtigt, das Werk als Ganzes oder in seinen Teilen für den eigenen Gebrauch und den Einsatz im Unterricht zu nutzen. Die Nutzung ist nur für den genannten Zweck gestattet, nicht jedoch für einen weiteren kommerziellen Gebrauch, für die Weiterleitung an Dritte oder für die Veröffentlichung im Internet oder in Intranets. Eine über den genannten Zweck hinausgehende Nutzung bedarf in jedem Fall der vorherigen schriftlichen Zustimmung des Verlages.

Sind Internetadressen in diesem Werk angegeben, wurden diese vom Verlag sorgfältig geprüft. Da wir auf die externen Seiten weder inhaltliche noch gestalterische Einflussmöglichkeiten haben, können wir nicht garantieren, dass die Inhalte zu einem späteren Zeitpunkt noch dieselben sind wie zum Zeitpunkt der Drucklegung. Der AOL-Verlag übernimmt deshalb keine Gewähr für die Aktualität und den Inhalt dieser Internetseiten oder solcher, die mit ihnen verlinkt sind, und schließt jegliche Haftung aus.

Engagiert unterrichten. Natürlich lernen.

Eine Prise Theorie

Ich habe keine Hoffnung mehr für die Zukunft 11

Disziplinprobleme 11
Stören im Unterricht 13
Geringe Akzeptanz der Autorität der Lehrkraft 13
Aggressives und unkontrolliertes Verhalten 13
Verhalten ohne soziale und moralische Normen 14

Woher kommen Disziplinprobleme? 15

Die Schüler 16
Verhaltensauffälligkeiten 16
Anstrengungsbereitschaft 18
Schule und die Realität der Jugendlichen 20

Die Familien 21
Risikofaktoren 22
Schutzfaktoren 22

Die Lehrer 24
Interaktionsprobleme 26
Nichts geht mehr 27
Was Lehrer tun können 27

Disziplin und Erziehung 28
Was bedeutet Disziplin? 30
Überblick 36
Für wen wir schreiben… 37
Wenn ich groß bin, werde ich Lehrer 38

STOLPERSTEINE

Stolperstein eins: **Perfektionismus**
= Baustein eins: Nobody is perfect 45

Stolperstein zwei: **Zeitdruck**
= Baustein zwei: Geduld 45

Stolperstein drei: **Kontrolle ist gut...**
= Baustein drei: Vertrauen ist besser 46

Stolperstein vier: **Gewohnheiten**
= Baustein vier: Lust auf anderes 48

Stolperstein fünf: **Autorität**
= Baustein fünf: Gegenseitige Akzeptanz 51

Stolperstein sechs: **Ärger**
= Baustein sechs: Humor 52

Stolperstein sieben: **Ist das wirklich noch meine Aufgabe?**
= Baustein sieben: Gesunder Menschenverstand 54

Stolperstein acht: **Mission impossible**
= Baustein acht: Besser als nichts 55

DIE ERSTEN WOCHEN

The first five minutes 62

Kennenlernexperimente 64
Durchführung 64
Feedback 64
   1. Mein rechter, rechter Platz ist frei 65
   2. Meine Familie 66
   3. Brief an ein Kind in einem anderen Land 68
   4. Mein Wappen 70
   5. Stell dir vor, du bist… 72
   6. Kreuzworträtsel der Namen 74
   7. Kennenlernpuzzle 75
   8. Interview mit Pfiff 76
   9. Berühmte Leute 78
10. Die Eierauffangmaschine 79

Malexperimente 80
Durchführung 80
Feedback 80
1. Baum-Phantasie 84
2. Boot im Sturm 85
3. Die Rosenbuschphantasie 87
4. Joharis Fenster 89
5. Meine Tür 92
6. Meine Wut 94

Das Klassenklima

Fragebogen „Ich und meine Klasse" 98
Durchführung 100
Auswertung 100
Die Auswertungen im Vergleich 102
Besprechung der Fragebögen 102

Die Sitzordnung 103
Fazit 106

Regeln in der Klasse 108
Warum Regeln wichtig sind 108
Sinnvolle Regeln 109

Wie Regeln aufgestellt werden 110
Klassenregeln I: Erlaubt und verboten 110
Klassenregeln II: Sinnvolle Regeln 112
Klassenregeln III: Sinnvoll oder sinnlos 113
Wenn Regeln verletzt werden 114
Regelverstöße 114
Lehrer brauchen Rituale 116

Das Feedback 117
 1. Blitzlichter 118
 2. Die Wetterkarte 119
 3. Fragebogen: Heute 122
 4. Fünf Finger, fünf Komplimente 123
 5. Ich kann Kritik ertragen 126
 6. Ich wünsche dir ein schönes, langes Leben 127
 7. Der heiße Stuhl 128
 8. SMS an meine Lehrkraft 129
 9. Feedback an die Lehrkraft 130
 10. Einfluss und Vertrauen 131
 11. Die Friedensdose 132

Arbeiten mit Verstärkern 135
   Das Lob 135
   Verstärkerpläne 136
   Tokens 136
   Vorgehen 138
   Eine Grundrate erheben 139
   Wie funktioniert ein Verstärkerplan? 140
   Materielle Verstärker 141
   Auswirkungen 141
   Probleme mit dem Verstärkerplan 143
   Für Lehrkräfte 144
   Unterschiedliche Verstärker 144
   Belohnungskarten 145
   Rückmeldung von der Lehrkraft 145
   Verbale Verstärker 146
   Beteiligung der gesamten Klasse 146
   Belohnung für alle 146

Belohnungsspiele 148
   1. Lehmann sagt 149
   2. Spiegelspiel 150
   3. Japanisch Knobeln 151
   4. Lebende Mühle 152
   5. Luftballonhandball 153
   6. Pferderennen 155
   7. Dirigenten raten 156
   8. Zeitungsabschlagen 157
   9. Schrubber-Hockey 158
   10. Löffelkönig 161

Time-Out – die Auszeitmethode 162
   Vorgehen 163
   Erfahrungen und Konsequenzen 164
   Günstige Orte für das Time-out 165
   „Ich geh nicht raus …" 166

Bewährtes und Neues

Disziplin im Unterricht verbessern 170
Wie entwickeln sich problematische Situationen? 170
Das Leisezeichen 173
Die Broken-Record-Technik 174
Drei vor mir 175
Die Sandwichtechnik 176
Mutters Devise 177

„Nachtisch"-Spiele 178
1. Risiko 178
2. Reise nach Timbuktu 179
3. Mumien aus Toilettenpapier 180
4. Opa plätschert lustig in der Badewanne 182
5. Familie Schnippel 182
6. Teekesselraten 183
7. To-ma-ten-sa-lat 185
8. Zwinkern 186
9. Bingo 186

Erziehungsverträge 188
Verhaltensvertrag I 190
Verhaltensvertrag II 192
Gemeinsam ans Ziel 194

Eine Prise Theorie

Stolpersteine

Die ersten Wochen

Das Klassenklima

Bewährtes und Neues

Ich habe keine Hoffnung mehr für die Zukunft …

So schrieb der griechische Dichter Hesoid. Er starb vor 2700 Jahren und fährt fort „… wenn sie (die Zukunft) von der leichtfertigen Jugend von heute abhängig sein sollte, denn diese Jugend ist ohne Zweifel unerträglich, rücksichtslos und altklug. Als ich noch jung war, lehrte man mich gutes Benehmen und Respekt vor den Eltern, aber die Jugend von heute will alles besser wissen und ist immer mit dem Munde vorweg."

Ähnliche Zitate gibt es viele. Auch Sokrates hat sich in gleicher Weise geäußert. Denke ich an meine eigene Ausbildung als Lehrer zurück, erinnere ich mich sehr gut an das, worüber wir seinerzeit diskutierten. Es waren Filme wie Saat der Gewalt. Der Film zeigte neben heißen Rock-'n-Roll-Rhythmen die Schulsituation in der Bronx in New York und dokumentierte die Hilflosigkeit der Lehrkräfte. Obwohl wir mit den aufbegehrenden Schülern sympathisierten, rief die Vorstellung, hilflos einer disziplinlosen Klasse gegenüber zu stehen, Angst bei uns hervor.

Allerdings gestaltete sich mein eigener Berufsbeginn dann doch nicht so dramatisch. Ich begann meine Lehrtätigkeit als Klassenlehrer einer Klasse fünf mit achtunddreißig Schülerinnen und Schülern.

Am ersten Schultag nach der Begrüßung ging ich in die Klasse und alle achtunddreißig Kinder saßen vor mir, schauten mich interessiert an und hörten mir zu. Denke ich an die vielen Klassen zurück, die ich seitdem unterrichtet habe, passierte mir dies nicht mehr. Es gab Zeiten, in denen ich den Eindruck hatte, dass die Klassen sich besonders unruhig verhielten. Man kam in die Klasse und niemand hörte zu – bei weit weniger Schülern als achtunddreißig. Die ruhigeren Klassen gibt es durchaus. Hier verhalten sich die Kinder angepasster. Der Unterricht allerdings gestaltet sich oft auch „zäher". Emotionale Reaktionen bleiben oft auf der Strecke und auch hier fühlt sich so manche Lehrkraft hilflos, weil sie nicht genau weiß, was von ihr erwartet wird, auch wenn die Schüler selbst „pflegeleicht" zu sein scheinen.

DISZIPLINPROBLEME

„Was, denken Sie, bereitet den Schulen heute die größten Probleme?" So oder ähnlich fragen Meinungsforscher in ihren Untersuchungen an repräsentativen Querschnitten der Bevölkerung. Die Mehrzahl der Befragten vermutet heute, dass es disziplinarische Probleme sind.

Während die Befragten noch vor einigen Jahren glaubten, dass vor allem Drogen unseren Schulen zu schaffen machten, scheint es heute undiszipliniertes Verhalten von Schülern zu sein.

Lehrer beklagen häufig die Situation in der sie heutzutage unterrichten müssen. Unterrichtsstörungen sind ein aktuelles Thema. Viele Lehrer meinen, Störungen im Unterricht hätten dramatisch zugenommen. Das Unterrichten sei kaum noch möglich.

Schauplatz: eine noch überschaubare Schule in einer mittelgroßen Stadt.

Im ersten Stock die Siebten: In jedem Raum dreißig Schülerinnen und Schüler, die meisten pubertieren. Der Unterricht beginnt.

Die 7a verhält sich leidlich ruhig, beantwortet geduldig die Fragen ihrer Deutschlehrerin zur letzten Stunde. Doch schon nach der ersten Frage rufen einige in die Klasse „Hier!", „Ich weiß es!", „Ich!"...

Kommt einer dran, kehrt kurz Ruhe ein. Noch während der Antwort schreien die anderen Bemerkungen, Ergänzungen und Kommentare in die Klasse und versuchen die Aufmerksamkeit auf sich zu ziehen.

Andere geben kleine Zettel weiter, bieten Süßigkeiten an, schneiden hinter dem Rücken der Lehrerin Grimassen... Jetzt teilt sie ein Arbeitsblatt aus, mehr Ruhe kehrt ein, die meisten fangen an zu arbeiten...

In der 7b regiert das Chaos. Auch sie haben Deutsch. Es ist laut, Gelächter, Geschrei, Tische werden hin- und hergerückt. Der Lehrer ist entnervt, müde und hilflos. Die meisten sitzen, einige wandern ziellos durch die Klasse, halten kurz inne, provozieren wahllos den einen oder die andere. Manche falten Flieger aus ihren Arbeitsblättern und bombardieren unbekannte Ziele. Kaum jemand beteiligt sich, meldet sich oder trägt zum Unterricht bei, einige wenige wagen einen Beitrag, die anderen lachen, rufen „Schleimer, Streber, Spasti...".

Die Lehrerin der 7a gibt sich zufrieden, weil die Klasse sich noch beteiligt.

Der Lehrer der 7b weiß nicht, wie lange er die Situation noch ertragen kann.

Beide Klassen aber verhalten sich undiszipliniert.

Undiszipliniertes Verhalten zeigt sich in den Schulen auf unterschiedlichste Art und Weise. Die folgenden Bereiche werden immer wieder genannt:
- Stören im Unterricht
- Geringe Akzeptanz der Autorität der Lehrkraft
- Aggressives und unkontrolliertes Verhalten
- Verhalten ohne moralische oder soziale Normen.

Stören im Unterricht

Jeder kennt Störungen im Unterricht: ständige Schwätzen, Schreien, im Raum umherlaufen, herumalbern, Kaspereien, keine Bereitschaft zur Mitarbeit, Tagträumereien etc.

Analysiert man mit Lehrkräften problematische Situationen, kennen sie alle Phänomene, leiden unter den Zuständen, scheinen sich aber auch in gewisser Weise daran zu gewöhnen.

Gemeinsam vereinbarte Verhaltensregeln für die Klasse nehmen häufig auf diese Kategorie von Fehlverhalten Bezug.

Englisch in einer Klasse 10 einer Fachschule. Einzelne Schüler verlassen den Raum, ohne um Erlaubnis zu fragen. Andere rufen aus dem Fenster heraus. Der Lehrerin gelingt es nicht, Ruhe herzustellen. Sie führt den Unterricht durch und arbeitet mit den wenigen, die mitmachen möchten. Resigniert lässt sie alles geschehen. Dabei ist sie vom Typ her jemand, der sich durchsetzen kann. Aber es gelingt ihr nicht, mehrere disziplinarische Probleme, die gleichzeitig auftreten, zu lösen.

Schüler verweigern sich. Sie befolgen keine Anweisungen. Sie entsprechen nicht den Anforderungen des Unterrichts und den Erwartungen ihrer Lehrkraft.

Geringe Akzeptanz der Autorität der Lehrkraft

Lehrkräfte möchten als Autoritätsperson akzeptiert werden. Sie sind der Auffassung, dass Schüler von ihnen abhängig sein müssen. In diesem Rahmen sind sie bereit, diese zu unterstützen und sie zu akzeptieren.

Ein Student berichtete, dass er während seines Orientierungspraktikums in einer Hauptschule von den Mädchen regelrecht angemacht wurde. Sie fragten ihn, welche Unterhosen er trage. Mit soviel Respekt- und Distanzlosigkeit hatte er nicht gerechnet.

Lehrkräfte reagieren besonders enttäuscht, wenn Schüler ganz andere Erfahrungen, Normen und Wertvorstellungen haben und auch praktizieren als sie selbst. Sie können damit nur schwer umgehen.

Aggressives und unkontrolliertes Verhalten

Hier machen die aggressiven Ausbrüche der Schüler, die durch Distanzlosigkeit und eine Flut von Schimpfwörtern aus der Fäkalsprache gekennzeichnet sind,

Lehrkräfte besonders hilflos. So ist es nichts Besonderes, wenn sie schon am ersten Tag ihre Tätigkeit in einer neuen Schule „beschimpft" werden.

Ein Referendar hat mir berichtet: „Als ich das Schulgebäude betrat, öffnete sich im zweiten Stock ein Fenster und ein Schüler steckte kurz seinen Kopf heraus und rief mir zu: „Müller, Arschloch ...!"

Aber auch aggressives Verhalten gegenüber Jüngeren nimmt an Brutalität ständig zu.

So habe ich einen zehnjährigen Schüler gesehen, auf dessen Arm ältere Schüler eine brennende Zigarette mehrfach ausgedrückt haben. Nach Gründen ihres Verhaltens gefragt, antworteten sie lapidar, es sei alles nur Spaß gewesen!

Interessanterweise beschäftigten sich Lehrkräfte während des Unterrichtsvormittags hauptsächlich mit den eigentlich weniger bedeutsamen Verhaltensweisen. Sie verwenden viel Zeit und Energie darauf, vor allem Schwätzen und Herumalbern in der Klasse zu unterbinden. Diese Verhaltensweisen erscheinen ihnen bedeutsamer als die schwerwiegenderen Disziplinprobleme an den Schulen. Untersuchungen haben gezeigt, dass sie mit der Reglementierung relativ unproblematischer Verhaltensweisen übermäßig viel Unterrichtszeit verbringen. Werden die Probleme massiver, wie z.B. beim Mobbing oder bei Gewalt gegen Schüler (s.u.), reagieren Lehrer oft gar nicht mehr, sondern ignorieren diese Problem.

Verhalten ohne moralische und soziale Normen

Regeln werden ignoriert, ständig gebrochen und selten befolgt. Phänomene wie Täuschen, Lügen, Stehlen, Mobben nehmen signifikant zu, ohne dass dabei Schuldgefühle entstehen.

Jens besucht die dritte Klasse einer kleinen Grundschule. In der Pause stiehlt er hundert Euro aus der Tasche seiner Lehrkraft. Sie kann ihm den Diebstahl nachweisen. Man findet die hundert Euro in seiner Schultasche. Auch jetzt bestreitet er noch aufs Entschiedenste die Tat.

Die Mädchen aus der 4b grenzen Susanne, ein schüchternes eher sehr ruhiges Kind, aus. Manchmal laden sie Susanne zu einem Geburtstag ein, manchmal nicht. In der Pause lassen sie Susanne oft mitspielen, es gibt aber auch Pausen, in denen sie die Mitschülerin absichtlich nicht mitmachen lassen. Sie haben sich dann vorgenommen, ihr dies zu verwehren. Die Lehrerin ist hilflos. Gespräche nützen nichts.

Mobbing in der Schule ist ein aktuelles, schwerwiegendes Problem. Bei einer Fragebogenerhebung an Berliner Schulen[1] gaben 41% der Schüler und Schülerinnen zu, in den vergangenen Monaten mindestens einmal einen Mitschüler gemobbt oder schikaniert zu haben. Hier liegen deutsche Schüler im internationalen Vergleich vorn[2]. 30% gaben an Opfer von Mobbing gewesen zu sein. Dies bedeutet, dass in der Regel mehrere Täter gegen ein Opfer vorgegangen sind. Mobbing hat erhebliche negative Folgen für die Entwicklung von Kindern und Jugendlichen. Gleichaltrige werden zunehmend wichtiger, sie sind unersetzlich für eine gesunde psychische und soziale Entwicklung. Von Gleichaltrigen ausgegrenzt und abgewertet, anstatt von ihnen akzeptiert zu werden, bedeutet gerade in der Pubertät eine erhebliche Grausamkeit.

Woher kommen Disziplinprobleme?

Fragt man Lehrer, was oder wen sie für die Störungen im Unterricht verantwortlich machen, so nennen die meisten die Schüler. Sie bemängeln die Einstellungen der Schüler, besonders die mangelnde Disziplin und die fehlende Bereitschaft sich anstrengen zu wollen.

Aber auch die familiären Bedingungen der Schüler werden für die Probleme in der Schule verantwortlich gemacht – ebenso wie die gesellschaftliche Situation.

Auch wenn es kaum möglich ist, die tatsächlichen Ursachen für Schwierigkeiten und negative Entwicklungen auszumachen, so lohnt sich doch eine genauere Betrachtung der Bedingungen, die mehr oder weniger stark Einfluss auf den Schulalltag nehmen.

So manche Probleme der Jugendlichen von heute hängen mit Bedingungen zusammen, die sie selbst nicht zu verantworten haben:

Veränderungen in den Strukturen der Familie – bis hin zu deren Auflösung. Kinder erfahren weniger Betreuung, Supervision und Coaching durch den Erwachsenen.

Effekte des Fernsehens – Kinder und Jugendliche sehen häufig ungünstige Modelle, die aggressives und unsoziales Verhalten fördern. In einer hoch be-

---

[1] WHO-Jugendgesundheitsstudie 2002, HBSC-Daten für Berlin
[2] SPIEGEL Online

liebten Serie wie Big Brother lernen Kinder auf unterhaltsame Art und Weise, wie erfolgreich gemobbt wird. Entscheidend ist, dass auch hier offensichtlich eine unzureichende Supervision durch Erwachsene erfolgt.

Zunehmende ökonomische Probleme – Arbeitslosigkeit, Sozialhilfe, gesellschaftliche Umstrukturierungen.

Hohe Diskrepanz zwischen der Schule und der Welt der Jugendlichen – Die Probleme der Kinder und Jugendlichen in ihrem Umfeld außerhalb der Schule werden in den Unterrichtscurricula der Schule zusehends weniger berücksichtigt. Die Lehrkräfte haben kaum Kenntnis von der jugendlichen Subkultur.

Die Schüler

Wie sind Schüler, die Lehrer heutzutage unterrichten sollen?

Sehr unterschiedlich. Es gibt nicht den typischen Schüler. Schüler unterscheiden sich in ihren Begabungen, ihrer Leistungsfähigkeit, ihren Interessen, ihren Erfahrungen, ihrer Belastbarkeit, ihren Sorgen und Nöten usw. Und hier liegt möglicherweise tatsächlich ein Problem der Lehrer. Die Schüler einer Klasse sind so unterschiedlich, dass es eine äußerst schwierige Aufgabe ist, für diese verschiedenen Menschen den Unterricht zu planen und zu gestalten. In vielen Klassen scheint es nahezu unmöglich, einen gemeinsamen Nenner zu finden. Dennoch müssen sich Lehrer jeden Tag dieser Aufgabe stellen und versuchen sie zu bewältigen. Kein Wunder, dass sie sich manchmal so fühlen, als seien sie den Bedingungen hilflos ausgeliefert. Ein solches Erleben verursacht dauerhaften Stress. Ein Teil der Lehrer leidet deswegen an psychosomatischen Erkrankungen, u. a. dem Burnout-Syndrom.

Verhaltensauffälligkeiten

Ein Teil der Schüler ist tatsächlich verhaltensauffällig und ihre psychische Gesundheit bietet Anlass zur Sorge. Sie stellen eine besondere Herausforderung für ihre Lehrer dar. Leider fühlen sich die meisten Lehrer nicht kompetent genug mit diesen schwierigen Schülern umzugehen.

Folgende Daten liegen über Berlin vor[3]:

- Rund 18 % der Schüler im Alter von sieben bis siebzehn Jahren gelten als psychisch grenzwertig bis auffällig.
- Rund 10 % haben emotionale Probleme, rund 23 % zeigen eine Störung des Sozialverhaltens oder Hyperaktivität, ADHS. Knapp ein Viertel zeigt Verhaltensprobleme mit Gleichaltrigen.
- Bereits in den Klassen fünf und sechs sind Drogen ein Thema.
- 73 % der Kinder zwischen zehn und fünfzehn Jahren haben bereits Alkohol probiert.
- 15 % der Dreizehnjährigen und fast die Hälfte der Fünfzehnjährigen trinken wöchentlich Alkohol.
- Der Konsum von Alkohol und Zigaretten hängt in erster Linie mit fehlenden Problemlösefertigkeiten zusammen und steht weniger im Zusammenhang mit der Suche nach aufregenden Erfahrungen.
- Kinder, deren Bedürfnisse dauerhaft missachtet werden, zeigen Verhaltensweisen, die auf Überforderung, Ablehnung, körperliche, intellektuelle und emotionale Vernachlässigung hinweisen. Dieses sind suchtfördernde Faktoren.
- Ein Viertel der Fünfzehnjährigen Schüler raucht täglich. Das Zigarettenrauchen ist ein Indiz für geringe Lebenszufriedenheit[4].
- Mobbing unter Schülern ist ein weiteres Problem.

Je problematischer das Verhalten der Schüler wird, desto hilfloser fühlen sich oft die Lehrer. Sie wünschen sich kompetente, speziell ausgebildete Fachkräfte an ihrer Seite, um die Probleme anzugehen. Leider gibt es an den wenigsten Schulen solche Helferteams. Mit den Verhaltensauffälligkeiten in der Schule scheinen die Lehrer allein fertig werden zu müssen. Als Reaktion berufen sich Lehrer häufig darauf, dass sie nur dazu da seien, die Kinder zu unterrichten.

Anstrengungsbereitschaft

Wenn Kinder ein Ziel oder einen Erfolg vor Augen haben, strengen sie sich sehr an und schuften stundenlang. Beim Spielen beobachtet man gut ihre Anstrengungsbereitschaft. Es scheint, als sei dies eine besondere Fähigkeit von Kindern, ganz in eine Tätigkeit einzutauchen. Sie besitzen eine starke Motivation.

---

[3] WHO-Jugendgesundheitsstudie 2002, HBSC-Daten für Berlin
[4] Hurrelmann in SPIEGEL Online, 4.6.2004
[5] Pokémon, Naturschutz und Neuronen für Kategorien; in: Spitzer, M.: Verdacht auf Psyche (S. 57-59) Stuttgart: Schattauer 2003

Einige Beispiele:
- Kinder lernen alle Pokémon-Karten freiwillig auswendig. Sie eignen sich einen Wissensschatz an. Achtjährige Schüler kennen mehr Pokémonfiguren und ihre Eigenschaften als heimische Tiere[5].
- Kinder beherrschen die Verkehrsregeln, sobald sie dafür Sorge tragen, dass der Hund unbeschadet über die Straße gelangt. Sie benehmen sich vorbildlich und zeigen dem Hund, wie es richtig ist.
- Kinder schleppen ganze Bäume und Steine, wenn sie etwas daraus bauen wollen. Sie buddeln den Strand und leiten das Wasser um. Sie bewegen riesige Schneekugeln. Bei solchen Aktivitäten bitten sie Erwachsene nicht um Hilfe, sondern setzen ihr ganze Kraft ein.

Aussagen wie die folgenden werden glücklicherweise von mehr als der Hälfte der Schüler bejaht[6]:
- Wenn ich ein Problem habe, kann ich es aus eigener Kraft meistern.
- Was auch geschieht, ich werde schon klarkommen.

Die Schüler erleben sich als handlungsfähig und erwarten von sich, dass sie auf ihr Leben Einfluss nehmen können.

Schlechte Erfahrungen, wie schwere Ungerechtigkeit oder Hilflosigkeit, zerstören diesen Optimismus. Das Vertrauen in die eigenen Fähigkeiten und in die Möglichkeit, etwas zum eigenen Schicksal beizutragen, werden minimiert.

Strengen sich Kinder nicht an, haben sie möglicherweise das Vertrauen in sich selbst verloren oder nie richtig entwickeln können. Sie richten ihren Blick nicht auf Erfolg, sondern auf ihr Scheitern. Eine solche pessimistische Haltung orientiert sich am Misserfolg, d.h. der Misserfolg wird erwartet und als viel wahrscheinlicher eingeschätzt als das Gelingen.

Solche Schüler nehmen Herausforderungen nicht an, sie verlieren auch nach und nach den Blick für mögliche Lösungen und verfügen über weniger Strategien zum Bewältigen von Aufgaben und Problemen. Unsicher begeben sie sich an die Aufgabe. Mit der Zeit unterlaufen ihnen tatsächlich mehr Fehler. Ein Teufelskreis entsteht, es wird immer wieder bestätigt, was man vorher schon wusste, nämlich, dass es nicht funktioniert.

Aus diesen Erfahrungen entwickelt sich die Haltung, lieber zu scheitern ohne sich vorher angestrengt zu haben. Die Passivität wird bei Schülern zur Coolness kultiviert. Sich nicht anzustrengen wirkt cool. Lieber cool als doof. Wer nichts macht, macht auch nichts falsch. Wer es probiert, wird sich blamieren und in den Augen der anderen doof dastehen. Wenn die Anerkennung nicht über erfolgrei-

---

[6] WHO-Jugendgesundheitsstudie 2002, HBSC-Daten für Berlin

ches Verhalten erreicht wird, so vermittelt die Coolness doch wenigstens soziale Anerkennung.

Bei vielen Schülern setzt man an, sie zu ermutigen etwas falsch zu machen. Sie zu aktivieren ist der erste wichtige Schritt, um den Teufelskreis zu durchbrechen und ihnen nach und nach durch positive Erfahrungen das Vertrauen in die eigenen Fähigkeiten zurückzugeben.

> Marco, ein zehnjähriger Sonderschüler mit ausgeprägten Verhaltensproblemen, hilft freiwillig dem Hausmeister, indem er auf dem Schulhof den Müll aufsammelt. Er bekommt hierfür eine Zange und einen Eimer und arbeitet sehr zuverlässig. Er genießt es, eine Aufgabe zu haben und diese gut zu machen. Er fühlt sich dadurch ernst genommen und wichtig. Sein Selbstbewusstsein steigt.

Schule und die Realität der Jugendlichen

Was in der Schule geschieht, hat mit der Realität der Kinder und Jugendlichen außerhalb der Schule nur wenig oder gar nichts zu tun. Deren Wirklichkeit entzieht sich oft der Kenntnis der Lehrkräfte. Schüler äußern auch, dass sie zu wenig Gestaltungsmöglichkeiten in der Schule und dass sie wenig Mitspracherecht bei den Unterrichtsinhalten haben[7].

> In einer Berufsschule unterrichtet eine Kollegin eine Gruppe von Schülerinnen, die alle keinen Ausbildungsplatz erhalten haben und deren Mehrzahl auch keinen Hauptschulabschluss erreichte. Hier sollen sie nun Fertigkeiten erlernen, die sie für den Arbeitsmarkt attraktiver machen. Beim Vermitteln des Stoffes, bei der Durchführung der praktischen Übungen zeigen die Schülerinnen massive disziplinarische Probleme. Sie sind schwer ansprechbar, kaum zu strukturieren. Planen, Kalkulieren, Kochen, Backen möchten sie nicht erlernen. Sie verweigern sich.
>
> Sie wollen über ihre Probleme sprechen, über das, was sie über die Woche hin bewegt und ihnen Sorgen bereitet. So bekommt eine von ihnen ein Kind, eine andere nimmt Drogen, eine wird geschlagen und häufig von ihrem Freund vergewaltigt… Lässt sich die Kollegin nun darauf ein, die Probleme zu diskutieren und auf Vorgaben des Lehrplans zu verzichten, gibt es von der Disziplin her keinerlei Probleme.
>
> Nur bei Leistungsanforderungen blocken die Schülerinnen, zeigen keinerlei Einsicht und sind unfähig, mitzuarbeiten.
>
> Wie soll sich die Kollegin verhalten?

---

[7] WHO-Jugendgesundheitsstudie 2002, HBSC-Daten für Berlin

Bei allem Verständnis für die persönliche Situation ihrer Schülerinnen fühlt sie sich aber doch verpflichtet, Lehrstoff zu vermitteln. Eigentlich weiß sie aber auch, dass ihre Schülerinnen vielleicht mehr lernen, wenn sie beginnen, eigene Probleme aufzuarbeiten, mit ihnen umzugehen, und versuchen, kleine Lösungen zu finden. Von daher empfindet sie sich selbst in einer Zwickmühle. Ihr Problem scheint unlösbar. Was wird sie am Schluss des Jahres in der Abschlussprüfung verlangen können?

In der Mittelstufe eines Gymnasiums. Im Unterricht wird die Geschichte der BRD, ihre Verfassung, ihre Entwicklung ausführlich behandelt. Die Schüler lassen die Stunden über sich ergehen. Würde die Lehrkraft die Schultasche von einigen von ihnen aufklappen, so könnte sie erkennen, dass die Innenseite der Schultasche durch Hakenkreuze geziert ist. Die Lehrkraft hat nicht die geringste Ahnung davon, womit sich ihre Schüler in der Freizeit wirklich beschäftigen, welche politischen Ansichten sie außerhalb des Unterrichts praktizieren, welches ihre Vorlieben sind und welche politischen Einstellungen sie haben…

Eine Schülerin einer großen Europaschule hat mir berichtet, dass im Forum ihrer Schule Drogen verkauft werden. Sie selbst hat sich nicht in der Gruppe dieser Jugendlichen aufgehalten, sondern sich auf die Treppe am Rand des Forums gesetzt. Dies ist nach Schulordnung verboten. So erhält sie durch die aufsichtsführende Lehrkraft eine Strafarbeit, der Verkauf der Drogen wird nicht bemerkt oder erkannt. So regelt ein Maßnahmenkatalog dieser Schule alle möglichen disziplinarischen Verstöße, aber die Subkultur der Jugendlichen bleibt der Schule verborgen.

Die Familien

Die Bedeutung der Herkunftsfamilie für den schulischen Erfolg oder Misserfolg ist vielfach belegt. Erst kürzlich wurde in einer PISA-Folgestudie (2004) herausgefunden, dass der soziale Status der Familie den entscheidenden Faktor bei der Schullaufbahn darstellt. Auch in der Psychologie weiß man seit langem, dass der Einfluss der Familie sehr groß ist für die Entwicklung eines Kindes.

Risikofaktoren

Schwierigkeiten in der Entwicklung ergeben sich, wenn die folgende Bedingungen in ihrer Familie vorliegen: Armut, mangelnde Bildung der Eltern, Fehlen eines Elternteils, Trennung von der Mutter in den ersten Lebensjahren, psychische Störung eines Elternteils. Viele Eltern sind aufgrund ihrer eigenen Probleme keine große Hilfe für die Kinder. Sie sind auch keine Modelle, bei denen die Kinder sehen können, wie mit Schwierigkeiten klarkommen kann.

Je mehr negativen Bedingungen ein Kind ausgesetzt ist, desto höher steigt das Risiko, dass dieses Kind selbst eine psychische Störung oder eine Verhaltensauffälligkeit entwickelt. Auf diese negativen Bedingungen kann die Schule meist keinen Einfluss nehmen. Viele ungünstige Erfahrungen haben die Kinder vor ihrem Eintritt in die Schule gemacht. Lehrer können oft lediglich feststellen, wie vielen Risikofaktoren die Kinder ausgesetzt sind. Gerade Schulen in sogenannten sozialen Brennpunkten versorgen Kinder, deren Entwicklung besonders negativ geprägt ist.

Viele Schüler sind Risikofaktoren ausgesetzt. Mehr als ein Viertel aller Schüler und Schülerinnen haben im letzen halben Jahr mindestens zwei belastende Situationen (schulische Überforderung, Probleme mit den Eltern, Trennung von dem Freund oder der Freundin, Tod einer nahestehenden Person) erlebt[8]. Gerade Kinder aus Familien mit niedrigem Sozialstatus sind sehr von diesen Belastungen betroffen. Der Klassenalltag wird mehr oder weniger stark durch diese negativen Entwicklungsbedingungen der Kinder geprägt.

Tatsachen, denen sich die Schule stellen muss und die Lehrer in die Planung ihres Unterrichts mit einbeziehen müssen.

Schutzfaktoren

Die psychologische Forschung (Risikoforschung) ist aber zum Glück einen Schritt weitergegangen, als nur die schlechten Bedingungen zu benennen und deren Folgen zu erfassen.

Man findet heraus, dass es unter Kindern, die in schlimmsten Bedingungen aufwachsen, immer wieder welche gibt, die sich gut entwickelten. Die sogenannten Unverwundbaren rücken ins Zentrum der Aufmerksamkeit (Resilienzforschung). Und tatsächlich findet man bei diesen Kindern Faktoren, die ihnen einen besonderen Schutz bieten. Zum einen waren die Unverwundbaren intelligent und optimistisch. Sie können sich konzentrieren und waren in der Lage ihre Impulse

---

[8] WHO-Jugendgesundheitsstudie 2002, HBSC-Daten für Berlin

zu kontrollieren. Zum anderen gab es für diese Kinder immer mindestens eine verlässliche Bezugsperson, oft außerhalb der Familie.

Allgemeine Risikofaktoren[9a], die das Auftreten von psychischen Störungen wahrscheinlicher machen:
• Armut,
• mangelnde Bildung der Eltern,
• psychische Erkrankung der Eltern,
• männliches Geschlecht,
• Altersabstand zum nächsten Geschwister unter achtzehn Monaten,
• Trennung von einer wichtigen Bezugsperson in den ersten Lebensjahren,
• schwere wiederholte Erkrankung in der Kindheit,
• schwere Erkrankung eines Elternteils,
• ein behindertes Geschwister,
• Armut, ständige Streitigkeiten in der Familie,
• Abwesenheit des Vaters,
• Arbeitslosigkeit,
• Wohnort- und Schulwechsel,
• Scheidung der Eltern,
• Eintritt eines Stiefelternteils in den Haushalt,
• Weggang oder Tod eines älteren Geschwisters oder einer Bezugsperson,
• Unterbringung in einer Pflegefamilie.

[9a] S. S. 24

Allgemeine Schutzfaktoren[9b], die die Wahrscheinlichkeit einer psychischen Störung verringern:

- weibliches Geschlecht,
- überdurchschnittliche Intelligenz,
- vier oder weniger Geschwister,
- konzentrierte Aufmerksamkeit der Eltern in den ersten Lebensjahren,
- positive Eltern-Kind-Beziehung in der frühen Kindheit,
- zusätzliche Bezugspersonen neben der Mutter,
- Betreuung durch Geschwister und Großeltern,
- strukturierter geregelter Haushalt,
- gute Beziehung zu einem Erwachsenen innerhalb oder außerhalb der Familie,
- hohes Maß an Aktivität und Eigeninitiative,
- positive Lebenseinstellung,
- kommunikative Kompetenz,
- Konzentrationsfähigkeit,
- angemessene Kontrolle eigener Impulse,
- Überzeugung, dass man selbst den Lauf der Ereignisse beeinflussen kann,
- Ausrichtung an übergeordneten Werten,
- enge Freundschaften mit Gleichaltrigen.

Die Lehrer

Jeder kennt das Märchen von Dornröschen, in dem die nicht eingeladene dreizehnte Fee das Baby verwünscht:

> *Alle waren erschrocken, da trat die Zwölfte hervor, die ihren Wunsch noch übrig hatte, und weil sie den bösen Spruch nicht aufheben, sondern ihn nur mildern konnte, so sagte sie: „Es soll aber kein Tod sein, sondern ein hundertjähriger tiefer Schlaf, in welchen die Königstochter fällt."*

[9b] nach: Rotthaus & Trapmann: Auffälliges Verhalten im Jugendalter. Handbuch für Eltern und Erzieher, Band 2; verlag modernes lernen: Dortmund (2004)

Wie bei Dornröschen gibt es schlechte Bedingungen, die das Leben von Heranwachsenden bestimmen wie ein böser Wunsch. Und wie bei Dornröschen sind wir erschrocken über diese negativen Einflüsse, die wir nicht verändern können. Doch wie die gute Fee können wir ihnen etwas entgegensetzen, so dass die negativen Bedingungen nicht einen so starken Einfluss auf das Leben des Kindes haben können.

Deswegen ist es stets sehr konstruktiv, auch den Anteil, den die Lehrkräfte am Unterrichtsgeschehen haben, zu betrachten.

Lehrer unterschätzen häufig ihren Einfluss und so auch ihre Möglichkeiten.

Interaktionsprobleme

> Johannes ist ein eigenwilliger Junge. Er gilt als intelligent, aber sehr verhaltensauffällig. Auch der Umgang mit den Eltern wird von den Lehrkräften als schwierig eingeschätzt. Johannes kann sich in den Unterricht nicht einbringen und erhält mittelmäßige Zensuren. Die Grundschule kann nach dem vierten Schuljahr das Gymnasium nicht empfehlen. Den Eltern gelingt es, Johannes in einer gymnasialen Privatschule unterzubringen. Die abgebende Schule ist erbost, weil ihr Votum missachtet wird. Die Schulleiterin stattet der aufnehmenden Schule einen Besuch ab, um offensichtlich den Besuch des Gymnasiums in letzter Minute zu verhindern ...
>
> Ohne Erfolg. Das erste Zeugnis von Johannes enthält ausschließlich die Noten sehr gut und gut. Wie kann es zu einer solchen Diskrepanz kommen?

Neben allen möglichen Ursachen entstehen viele Probleme aufgrund von Schwierigkeiten in der Interaktion zwischen Schülern und Lehrkräften. Zu jedem schwierigen Schüler gehört eine Lehrkraft, die vielleicht auch Probleme auf sich zieht, verursacht oder nur schwer mit ihnen umgehen kann.

Manche Lehrkräfte scheinen für ihren Schulalltag eine eigene „Philosophie" entwickelt zu haben. Sie folgen persönlichen Überzeugungen, greifen auf ein Handlungsrepertoire zurück, das ihnen sinnvoll erscheint, und praktizieren ihre eigenen mehr oder minder überzeugenden Handlungsstrategien. Dabei sind sie nur schwer bereit, ihr Verhalten zu verändern, auf andere zu hören, genauer zu beobachten und Veränderungen zuzulassen.

Andere kommen mit schwierigen Schülern überhaupt nicht zurecht.

Schließlich gibt es auch eine Gruppe von Lehrkräften, die intuitiv richtig mit ihnen umgeht. Ihre Verhaltensweisen lassen sich kaum kopieren und können auch nur schwer analysiert werden.

Nichts geht mehr

Auch wenn ich zahllose Kolleginnen und Kollegen kenne, die einen wunderbaren und kindgerechten Unterricht machen, sich um das Schicksal der Klasse kümmern, offen für neue Ideen, Anregungen und Methoden sind und wenig disziplinarische Probleme haben, so gibt es auch in jedem Kollegium die „Unbelehrbaren".

Sind es in einem Kollegium nur einzelne, erleiden die Kinder im Prinzip nicht allzu viel Schaden. Machen sie eine zweistellige Prozentzahl aus, wird es unter Umständen für Kinder, für Eltern, aber auch für andere aufgeschlossenere Kolleginnen und Kollegen bedenklich. Es sind die „Unbelehrbaren" und „Von-sich-Überzeugten", die allein wissen, „wie die Welt ist", und sehr wenig außer ihrer eigenen Meinung gelten lassen können. Diskussionen, Argumente, Analysen irritieren sie kaum. Nichts macht sie nachdenklich, obwohl ihr Unterricht oft nicht einmal den bescheidensten Ansprüchen genügt. Ihr Umgang mit Kindern und Jugendlichen ist eine Katastrophe.

Selbst wenn ihre eigenen Kinder die Schule durchlaufen – also in einer Phase, in der viele Kolleginnen und Kollegen eher nachdenklicher werden, weil sie auf einmal mit vielen von der Schule produzierten Schwierigkeiten konfrontiert werden –, bleibt ihre Ignoranz erhalten. Manche von ihnen benoten im Unterricht ohne jegliche Rücksicht und gehen gegen alle und alles gnadenlos vor. Sie haben mit der Schule abgeschlossen und setzen ihre eigenen oft unzulänglichen Vorstellungen autoritär durch. Sie prahlen oft damit, dass sie keine disziplinarischen Probleme kennen.

Was Lehrer tun können

Gerade im Bezug auf die Schutzfaktoren bestehen große Einflussmöglichkeiten für die Schule. Häufig sind es Lehrer, die für die Kinder eine verlässliche Bezugsperson darstellten und ihnen Hoffnung vermitteln. Ebenso ist es möglich, als Schule das Konzentrationsvermögen und die Impulskontrolle zu trainieren. Lernstrategien, Soziales Lernen und das Vermitteln von Erfolgserlebnissen sind wichtige Stichpunkte, die im Weiteren näher erläutert werden. Beziehung, Akzeptanz und Verlässlichkeit sind die Rahmenbedingungen, in denen dies umgesetzt wird.

Als besonders entscheidend wird von der Resilienzforschung die Beziehung zu einem verlässlichen Erwachsenen angesehen. In vielen ermutigenden Lebensgeschichten waren es Lehrer, die diese Rollen übernommen hatten.

Neben den Eltern sind die Lehrer besonders wichtige und prägende Begleiter heranwachsender Menschen. Sie sollten die Tragweite und Wichtigkeit ihrer Rolle niemals unterschätzen. Kinder erleben ihre Lehrer über einen so langen Zeitraum und in so verschiedenen Situationen, manchmal noch intensiver als ihre Eltern.

Automatisch werden Lehrer zu Modellen für Verhalten. Sie sind Modelle dafür, wie man miteinander umgeht, miteinander spricht und wie man Konflikte löst. Gerade, wenn man als Lehrer glaubt, dass diese Aufgaben von der Familie unzureichend erfüllt werden, sollte man sich die eigene Einflussmöglichkeit bewusst machen und diese auch nutzen.

Tatsächlich äußerten sich gerade Hauptschüler (29,6%), dass es ihnen in der Schule *sehr gut* gefällt. Insgesamt gefiel es nur einem Viertel aller befragten Schüler *sehr gut* in der Schule. Allerdings gefällt es etwa der Hälfte *einigermaßen gut* in der Schule[10].

Die Schutzfaktoren *Konzentrationsfähigkeit* und *angemessene Kontrolle eigener Impulse* sind eng verbunden mit dem Begriff der *Selbstdisziplin*. Auch hier kann Schule einen großen Beitrag leisten. Die Konzentrationsfähigkeit kann trainiert werden, es können günstige Bedingungen geschaffen werden, um das konzentrierte Arbeiten zu erlernen und zu erleben. Die eigenen Impulse zurückzustellen und zu lernen, sie zu kontrollieren, ist für viele Kinder eine schwierige Aufgabe. Über motivationale Hilfen sollte ihnen gezeigt werden, dass sie dies können und dass es sich lohnt. Dies kann man besonders gut, wenn man selbst daran glaubt, dass es dem Kind gelingen wird. Hierzu gehört auch *die Überzeugung, dass man selbst den Lauf der Ereignisse beeinflussen kann* sowie eine *positive Lebenseinstellung*.

Disziplin und Erziehung

Ohne Disziplin findet Erziehung nicht statt und Lernen entwickelt sich kaum. Wenn Lehrkräfte beginnen, nahezu ausschließlich auf undiszipliniertes Verhalten zu reagieren, bleibt wenig Zeit zum Unterrichten.

Disziplin ist deswegen ein aktueller Begriff in der Pädagogik. Gemeint ist nicht ein veraltetes Verständnis von Disziplin, *Zucht und Ordnung* um jeden Preis zu erzwingen oder das Einhalten einer Hierarchie gnadenlos durchzusetzen. Viele denken bei dem Begriff Disziplin sofort an Bestrafung. Diese negative Färbung haftet dem Disziplinbegriff leider an, deswegen werden wir im Folgenden erläutern, wie ein modernes Verständnis von Disziplin aussieht und welche positiven Aspekte diese Disziplin beinhaltet.

---

[10] WHO-Jugendgesundheitsstudie 2002, HBSC-Daten für Berlin

Der Anspruch an Erziehung ist heutzutage höher als an reine Dressur. Wenn früher als Erziehungsziele Gehorsam, Ordnungsliebe und Höflichkeit genannt wurden, so möchten heute viele Eltern und Lehrer die heranwachsende Generation zu Selbstständigkeit, Kritikfähigkeit und sozialer Kompetenz erziehen.

Was bedeutet Disziplin?

Disziplinprobleme	Disziplin im Klassenzimmer
Stören im Unterricht	Mitarbeit, Anstrengungsbereitschaft
geringe Akzeptanz der Autorität der Lehrkraft	gegenseitige Akzeptanz und Respekt
Aggressives und unkontrolliertes Verhalten	Regelverhalten
Verhalten ohne soziale und moralische Normen	soziales Verhalten

ungünstige Bedingungen	günstige Bedingungen
Verhaltensauffälligkeiten	Schutzfaktoren
familiäre Risikofaktoren	Beziehungsaufbau

Unter dem Aspekt Disziplinlosigkeit lassen sich die oben beschriebenen problematischen Verhaltensweisen folgendermaßen zusammenfassen:

- Disziplinlosigkeit in der Gruppe
- mangelnde Selbstdisziplin
- Respektlosigkeit

Positiv formuliert ist es das Ziel, die Disziplin in diesen drei Bereichen zu fördern:

- Disziplin in der Gruppe
- Selbstdisziplin
- Respekt

Disziplin in der Gruppe bedeutet, dass Schüler lernen sich in die Gruppe einzuordnen. Sie lernen, wie man miteinander angemessen spricht, wie man zusammen arbeitet und gemeinsam Probleme löst. Hierbei ist es sowohl wichtig, sich zu engagieren und Ideen einzubringen als auch die eigenen Impulse zurückhalten zu können. Es gehört dazu, die anderen zu akzeptieren, auch wenn sie anders sind.

Selbstdisziplin meint das Arbeitsverhalten des Einzelnen. Das bedeutet, sich auf neue Lerninhalte einzulassen und zu konzentrieren. Außerdem sollte man bereit sein, sich anzustrengen, um Aufgaben zu lösen oder Inhalte einzuüben. Die Fähigkeit, sich zusammenzureißen und auch *Durststrecken*, die jeder Lernprozess mit sich bringt, zu überwinden, gehören auch dazu. Hiermit hängen auch das selbstständige Arbeiten zusammen und die Fähigkeit sich selbst zu motivieren.

Respekt meint den angemessenen Umgang miteinander, sowohl der Lehrkraft gegenüber als auch anderen Schülern. Hierzu gehören eine freundliche Sprache, Höflichkeit und Anteilnahme.

Der Weg *Disziplin im Klassenzimmer* in dem oben genannten Bereichen zu fördern und zu etablieren führt über die **Lehrkraft**.

Eine Fußballmannschaft spielt immer nur so gut wie ihr Trainer, ein Orchester musiziert nur gut unter der Leitung seines Dirigenten.

> *»Susannah, Royston und Volker waren manchmal sehr sauer auf uns, dass wir nicht konzentriert waren und alles ordentlich und richtig gemacht haben. Sie haben aber immer an uns geglaubt!«*

Eine Schülerin der Heinrich-Mann-Oberschule aus dem Projekt *Rhythm is it* bringt in ihrer Äußerung das auf den Punkt, was auf den nächsten Seiten verdeutlicht werden soll, nämlich die positive Erfahrung von Disziplin und Beziehung.

Im Januar 2003 führen 240 Berliner Schulkinder aus 25 Nationen ein Ballett zu *Le Sacre du Printemps* auf. Sie werden begleitet von den Berliner Philharmonikern unter der Leitung von Sir Simon Rattle. Bei der Entstehung dieses Projekts werden die Beteiligten begleitet und es entsteht der eindrucksvolle Film *Rhythm is it*.

Die Kinder, die an dem Tanzprojekt teilnehmen, stammen in erster Linie aus sozialen Brennpunkten. Sie haben keinerlei Beziehung zu klassischer Musik. An ihrer mangelnden Disziplin bei den Proben droht das Projekt zu scheitern. Die Schüler kichern und sind unkonzentriert, sie trauen sich nichts zu und nehmen die Aufgabe nicht richtig ernst. Doch ihr Tanztrainer Royston Maldoom fordert sie heraus, er verlangt von ihnen, dass sie sich zusammenreißen und sich anstrengen. Gleichzeitig vermittelt er ihnen glaubhaft, welche Chance für sie in dieser Aufgabe liegt. Die meisten Schüler entscheiden sich für das Projekt und arbeiten von da an sehr diszipliniert. Sie gewinnen zusehends an Selbstvertrauen und wachsen buchstäblich über sich hinaus.

Der Film *Rhythm is it* wird ein internationaler Erfolg. Die Zuschauer sind über die Entwicklung der Kinder zu Tränen gerührt und viele verspüren, dass es Hoffnung für die Schüler von heute gibt.

In einem Interview des Tagesspiegel antwortet Royston Maldoom auf die Frage, wie er es schafft, den jungen Menschen, mit denen er arbeitet, klarzumachen, wie wichtig Disziplin ist:

> *»Ich kann nicht behaupten, dass es leicht ist, Disziplin zu vermitteln. Entscheidend ist, ob die Jugendlichen verstehen, weshalb sie so wichtig ist. Disziplin dient einem*

Zweck; es geht nicht darum, lediglich ruhig zu sein. Ich kann eigentlich nur zu den Jugendlichen sagen: Seid still, sonst lernt ihr nichts. Die Jugendlichen müssen einem vertrauen oder einen faszinierend oder interessant finden, auch wenn sie einen vielleicht nicht mögen. Das Wichtigste aber ist Leidenschaft. Es ist ungemein wichtig, Leidenschaft zu empfinden für das, was man tut ...

Wenn wir nicht daran glauben, Herausforderungen meistern zu können, wenn unsere Fertigkeiten nicht ausreichen, werden wir deprimiert und demotiviert.«

Ein solches außergewöhnliches Projekt vermittelt viel für die tägliche Arbeit in der Schulklasse, weil es zeigt, dass auch Kinder mit schlechten Voraussetzungen Bemerkenswertes leisten können. Der Weg zum Erfolg ist schwer und alles andere als gradlinig. Immer wieder gibt es dort Sackgassen oder Punkte, an denen man scheitern kann. Er führt über die Disziplin und wird begleitet von Menschen, die ihre Sache leidenschaftlich vermitteln und an die Kinder glauben.

Betrachtet man die möglichen Ursachen für die Disziplinlosigkeit an den Schulen, so versteht man vielleicht, warum so viele Schüler erhebliche Defizite haben. Wie oben erläutert, wachsen viele Kinder unter sehr negativen Bedingungen auf und entwickeln mit der Zeit Verhaltensprobleme. Sie sind nicht nur starken Alltagsbelastungen ausgesetzt, es fehlen ihnen zusätzlich wichtig positive Modelle, an denen sie sich sowohl in ihrem Arbeits- als auch Sozialverhalten orientieren können. Vielen fehlen grundlegende positive Beziehungserfahrungen, die ihnen Selbstvertrauen und Wertschätzung vermitteln sollten.

Nicht alle Probleme der Schüler können in der Schule gelöst werden. Aber Lehrer sollten es als ihre Aufgabe verstehen, innerhalb der Schule günstige Entwicklungsbedingungen zu schaffen und zu fördern. Ein Großteil der Disziplinprobleme in der Klasse kann so verändert werden.

Die Interessen und Ansprüche der Schüler und Lehrer sind sich recht ähnlich. Beide Gruppen wollen ernst genommen werden, sie wollen respektvoll behandelt werden, sie wollen als Person Wertschätzung erfahren, sie wollen etwas lernen bzw. sie wollen etwas vermitteln, sie wollen sich in der Schule wohl fühlen.

Um *Disziplin in der Gruppe* zu erreichen, werden die Rahmenbedingungen entsprechend gestaltet, d.h. es werden Regeln festgelegt, an die sich sowohl die Schüler als auch die Lehrer halten.

Der Lehrer versteht sich selbst als Vorbild für den angemessenen Umgang untereinander. Er dient als Modell dafür, wie man miteinander spricht und Probleme löst. Er trainiert mit der Klasse das angemessene Sozialverhalten und versucht die der Klasse als Gruppe zu stärken.

Um die *Selbstdisziplin* zu fördern, schafft der Lehrer Strukturen, innerhalb derer konzentriertes Arbeiten möglich ist. Er bietet Unterstützung an, fördert aber auch die Selbstständigkeit. Wie ein guter Trainer erkennt er die besonderen Fähigkeiten jedes einzelnen Schülers und ermutigt ihn, diese zu entwickeln. Er motiviert die Schüler, wenn sie selbst keine Erfolge erkennen, und ermutigt sie, wenn sie frustriert sind.

Respektvoller Umgang wird zunächst gefordert, aber auch vom Lehrer modellhaft vorgeführt. Erleben die Schüler, dass sie von der Lehrkraft ernst genommen werden und als Person geachtet werden, fällt es ihnen leicht, diesem Beispiel zu folgen. Wer sich geachtet fühlt, muss andere nicht erniedrigen um sich besser zu fühlen.

So stellt sich nach und nach wirklicher Respekt voreinander ein.

Im *Idealfall* sieht die Disziplin im Klassenzimmer so aus:

- Die Lehrer sind gut vorbereitet und gestalten den Unterricht, dass er für die Schüler angemessen ist und sie davon profitieren.
- Die Schüler beteiligen sich, lassen sich auf neue Aufgaben ein und helfen sich untereinander.
- Die Lehrer unterstützen und motivieren die Schüler.
- Schüler und Lehrer gehen respektvoll miteinander um.
- Es findet eine konstruktive Kommunikation statt, d.h. Lehrer geben den Schülern in angemessener Form Rückmeldung über ihre Leistungen und ihr Verhalten und die Schüler geben ihren Lehrern in angemessener Form Rückmeldung über den Unterricht.
- Konflikte werden thematisiert und von den Beteiligten gemeinsam gelöst.

Dieser Idealzustand entsteht nicht von jetzt auf gleich. Er ist das Ziel eines mehr oder weniger steinigen Weges. Am Ende des Weges steht eine tragfähige Beziehung zwischen Schülern und Lehrern. Wie dieser Weg beschritten werden kann, soll in den folgenden Kapiteln erläutert werden.

Um diesen Weg nachvollziehen zu können, hilft eine Betrachtung, wie Beziehungen sich normalerweise entwickeln.

Der Beziehungsaufbau entwickelt sich phasenweise:

- Kennenlernen
- Grenzen erfahren und testen
- Krise und Bewährungsprobe
- Abbruch oder Akzeptanz

In der Phase des *Kennenlernens* beobachtet man sich genau und versucht herauszufinden, wie man den anderen einschätzen soll. Man gibt noch nicht alles von sich Preis. Es wird geprüft, was mit dem anderen möglich ist und was nicht, und nach welchen Regeln man miteinander umgeht. Da der andere dies nicht immer mitteilt, wird getestet, wo seine *Grenzen* liegen bzw. ob sie tatsächlich dort sind, wo der andere sie angegeben hat. Man erkennt allmählich, mit wem man es zu tun hat. Wenn nun die Erwartungen und Wünsche nicht übereinstimmen, kann es zu Irritationen oder Enttäuschungen führen. Eine mehr oder weniger große *Krise* gibt es in jedem Beziehungsaufbau. Sie ist wichtig, weil sie eine Bewährungsprobe bedeutet. Hier entscheidet es sich, ob man miteinander klarkommt oder nicht. Für eine Krise gibt es normalerweise zwei Lösungen, entweder die *Akzeptanz* des anderen oder den *Abbruch* der Beziehung. Verläuft die Bewährungsprobe positiv, entsteht eine tragfähige Beziehung. Auf dieser Basis entsteht Vertrauen und der Weg ist bereitet für eine gemeinsame, positive Entwicklung. Probleme, die in Zukunft auftreten, sind so leichter zu bewältigen. Es muss nicht immer *der Beginn einer wunderbaren Freundschaft* sein, es reicht auch, wenn die Qualität der Beziehung eine vernünftige Form der Kommunikation zulässt, die gekennzeichnet ist durch gegenseitigen Respekt und Kritikfähigkeit.

Der Abbruch der Beziehung ist in der Schule nicht möglich. Nur selten kann eine Lehrkraft ihre Klasse abgeben oder die Schüler setzen durch von jemand anderem unterrichtet zu werden. Auch einzelne Schüler, die in die Klasse nicht integriert sind, können diese nicht verlassen.

Die Folgen sind massive *Disziplinprobleme*. Diesem gescheiterten Beziehungsaufbau wird häufig mit großer Rigidität von Seiten der Lehrer begegnet. Die Beteiligten begeben sich in den Ring und kämpfen gegeneinander, meist unfair und ohne Rücksicht auf Verlust. Sowohl Schüler als auch Lehrer tragen dabei Verletzungen davon. Einen wirklichen Gewinner gibt es nicht. In wenigen Fällen wird diese negative Beziehung wie eine schwe-re Krise überwunden und eine positive Beziehung entsteht doch noch. Gelingt es nicht, unter den Schülern ein Minimum an Akzeptanz zu erreichen, führt dies oft zu Mobbing. Schüler, die – aus was für Gründen auch immer – nicht in die Klasse passen, werden gemobbt. Auch sie haben nach dem gescheiterten Beziehungsaufbau nicht wirklich die Möglichkeit des Abbruchs.

Disziplin im Klassenzimmer bedeutet demnach, Bedingungen zu schaffen, in denen Lernen möglich ist.

Lernen ist auch heutzutage noch möglich – und zwar in einer Atmosphäre, die Ruhe, Sicherheit und Akzeptanz vermittelt. Hier können die Fähigkeiten sich zu konzentrieren erworben und ausgebaut werden. So werden Erfolgserlebnisse möglich, die wiederum Hoffnung vermitteln.

Unsicherheit, Angst und Druck behindern das Lernen und die Entwicklung von Selbständigkeit.

Überblick

Es geht um Disziplin in drei Bereichen:

1. **Präventive Maßnahmen:** Wie kann ich vorbeugen, was kann ich tun, damit undiszipliniertes Verhalten überhaupt nicht auftritt?
2. **Unterstützende Maßnahmen:** Was kann ich tun, wenn erste Anzeichen von Disziplinlosigkeit auftreten, wie kann ich helfen und wie unterstütze ich?
3. **Korrektive Maßnahmen:** Wie gehe ich mit Fehlverhalten um? Wie erreiche ich positive Veränderungen?

Disziplin im Klassenzimmer hat die Zielrichtung, Schüler zur Kontrolle, Steuerung und Veränderung des eigenen Verhaltens zu befähigen. Die Notwendigkeit einzugreifen verringert sich, weil Schüler lernen, das eigene Verhalten selbst zu reglementieren.

Praktizieren Lehrkräfte ein solches Modell, dann tun sie es in der Erwartung, dass Schüler natürlich nicht nur im Klassenzimmer die Notwendigkeit erlernen sich selbst zu disziplinieren – sondern auch in ihrer gesamten Lebenssituation. Ob der Transfer dann immer so erfolgt, wie es wünschenswert wäre, setzt Entwicklungsmöglichkeiten, Prozesse, viele Erfahrung und Einsichten voraus, für die oft in der Schule zu wenig Platz zu sein scheint.

Disziplin im Klassenzimmer beschreibt in den einzelnen Kapiteln, wie nach und nach eine positive Beziehung aufgebaut werden kann, damit Disziplinprobleme nicht entstehen, wie sinnvoll mit bereits vorhandenen Schwierigkeiten umgegangen werden kann.

Die ersten Wochen bietet eine Vielzahl von Spielen und Übungen, durch die das Kennenlernen erleichtert, die Kommunikation gefördert und der Umgang miteinander eingeübt wird. Besonders wichtig sind hier die Förderung der Selbstakzeptanz und das Zulassen von Andersartigkeit.

Das Klassenklima beschäftigt sich mit den Rahmenbedingungen. Hierzu gehören sowohl die Sitzordnung als auch die Klassenregeln. Es werden Hilfsmittel vorgestellt, wie man das Klima in der Klasse, also auch die Qualität der Beziehungen, erkennen und verbessern kann – neben Übungen und Anregungen, angemessene Kritik zu üben. Es wird demonstriert, wie erfolgversprechend mit problematischem Verhalten einzelner Schüler umgegangen werden kann.

Bewährtes und Neues beschreibt einige Methoden, die sich in der Schulklasse in besonderer Weise bewährt haben. Außerdem werden einige Verträge vorgegeben. Sie fördern die Selbstbeobachtung und lassen die Modifikation des eigenen Verhaltens zu. Die Lehrkraft hat die Möglichkeit, Verhaltensveränderungen zu beobachten und zu steuern.

Für wen wir schreiben

Disziplin im Klassenzimmer wendet sich an Lehrkräfte, die das Positive an Kindern und Jugendlichen sehen können, sie zu verstehen versuchen und die bereit sind sie zu trainieren. Selbst sind sie immer wieder auf der Suche nach Veränderungen, nach Ansätzen, Ideen, die ihnen die Arbeit erleichtern, nach Methoden, die ihnen ein besseres Verständnis ermöglichen. Sie wissen, dass Fehlverhalten von Schülern auch mit dem eigenen Unterricht zusammenhängt. Sie leiden unter den Belastungen des Schulalltags. Die immer größer werdenden Klassen machen ihnen Mühe, sie kämpfen gegen den Stress des Schuljahres und lassen sich dennoch nicht unterkriegen. Manchmal ermüden sie und ziehen sich enttäuscht zurück.

Sie alle soll dieses Programm unterstützen. Ihnen versuchen wir Mut zu machen. Vielleicht helfen ihnen bestimmte Übungen, Methoden und Ideen. Sie können für den eigenen Unterricht zunächst das aussuchen, was sie persönlich für machbar halten, um vielleicht ein wenig Erleichterung zu erfahren und dann mehr wagen zu können.

Als Klassenlehrer und Schulpsychologe weiß ich, dass es in der Regel zum Scheitern verurteilt ist, Lehrkräfte mit Unterrichtsprogrammen zu konfrontieren, die sie akribisch genau durchführen, beobachten und umsetzen müssen. Diese Programme legen genau fest, wie vorzugehen ist. Manches erscheint vernünftig, manches lässt sich praktizieren, anderes aber berücksichtigt die eigene Unterrichtspraxis und die sich immer wieder verändernden Schülerpersönlichkeiten in den unterschiedlichsten Klassen nicht genügend.

Sie merken schnell, dass dies im Unterrichtsalltag oft nicht realisierbar ist. Wenn ich allein bedenke, mit wie vielen unterschiedlichen Ansätzen und pädagogischen Programmen ich selbst während meiner Unterrichtstätigkeit konfrontiert wurde.

Geschickter scheint zu sein, die einzelne Lehrkraft in ihren Möglichkeiten zu verstärken. Sie soll zunächst das realisieren, was sie in ihrem Unterricht umsetzen kann und was sie sich selbst auch zutraut.

Nicht alle hier vorgeschlagenen Übungen und Methoden kann jeder jederzeit praktizieren. Es wird Experimente geben, die man sich vielleicht nicht zutraut und von denen man glaubt, sie nicht authentisch durchführen zu können.

Veränderungen lösen oft Ängste aus. Manchmal denken Lehrkräfte, dass sie bestimmte Übungen – aus unterschiedlichsten Gründen – beim besten Willen nicht präsentieren wollen. Dann müssen sie auch nicht.

> Eine Kollegin hat mir einmal berichtet, dass sie einige Experimente in der Klasse nicht umsetzen kann, weil sie sich selbst bei der Durchführung „albern vorkommt". Sie konnte den Bezug zu ihrem Mathematikunterricht nicht erkennen. Sie hat aber andererseits die Anregung, logische oder auch eher mit Fantasie und Kreativität zu lösende Rätselgeschichten in ihrem Unterricht einzusetzen, aufgegriffen. Heute verfährt sie nach Mutters Devise: Erst kommt das Essen, dann gibt es den Nachtisch.
>
> Mit Rätselgeschichten hat sie versucht, Denkfähigkeit und Flexibilität der Schüler zu verstärken. Die Schüler danken es ihr. Sie erfahren, dass die Kollegin sich oft distanziert verhält, dass sie aber den Stoff gründlich erklärt, und jetzt – wenn noch in der Stunde etwas Zeit ist – trainiert sie mit Hilfe dieser Rätselgeschichten Fragetechniken, das Finden von Lösungen, das logische Aufbauen einer Argumentationskette. Die unterhaltsamen Problemgeschichten, die ihr selbst auch viel Spaß machen, setzt sie immer wieder ein, wenn sie vorher etwas Schwieriges ihren Klassen abverlangt hat. Schon eine kleine Veränderung kann Auswirkungen auf die Disziplin haben.

Alle hier beschriebenen Experimente, Methoden und Übungen funktionieren in der Schulklasse.

Wir haben sie selbst bei Hunderten von Schülern durchgeführt und wissen, welche Spaß machen, welche Wirkungen sie erzielen und wo Probleme und Grenzen liegen.

Wenn ich groß bin, werde ich Lehrer!

Der Lehrerberuf ist einer der anspruchvollsten Berufe, die es gibt. Sein Ansehen ist vergleichsweise schlecht. Jeder meint, die Qualität eines Lehrers beurteilen zu können, und kann viele schreckliche Geschichten über seine ehemaligen Lehrer berichten. Trotzdem entscheiden sich immer wieder junge Menschen für den Lehrerberuf. Zum Glück. Sie sollten, so gut es geht, unterstützt werden.

Mittlerweile herrscht Einigkeit darüber, dass Lehrer während ihrer Ausbildung so viel Erfahrungen wie möglich mit Klassen sammeln sollten. Dennoch bleibt vieles graue Theorie. Die Entwicklung zum Lehrer findet erst nach der Universität im Lauf der Berufstätigkeit statt.

Auch wenn jeder seine ganz persönlichen Erfahrungen macht, gleicht sich doch einiges.

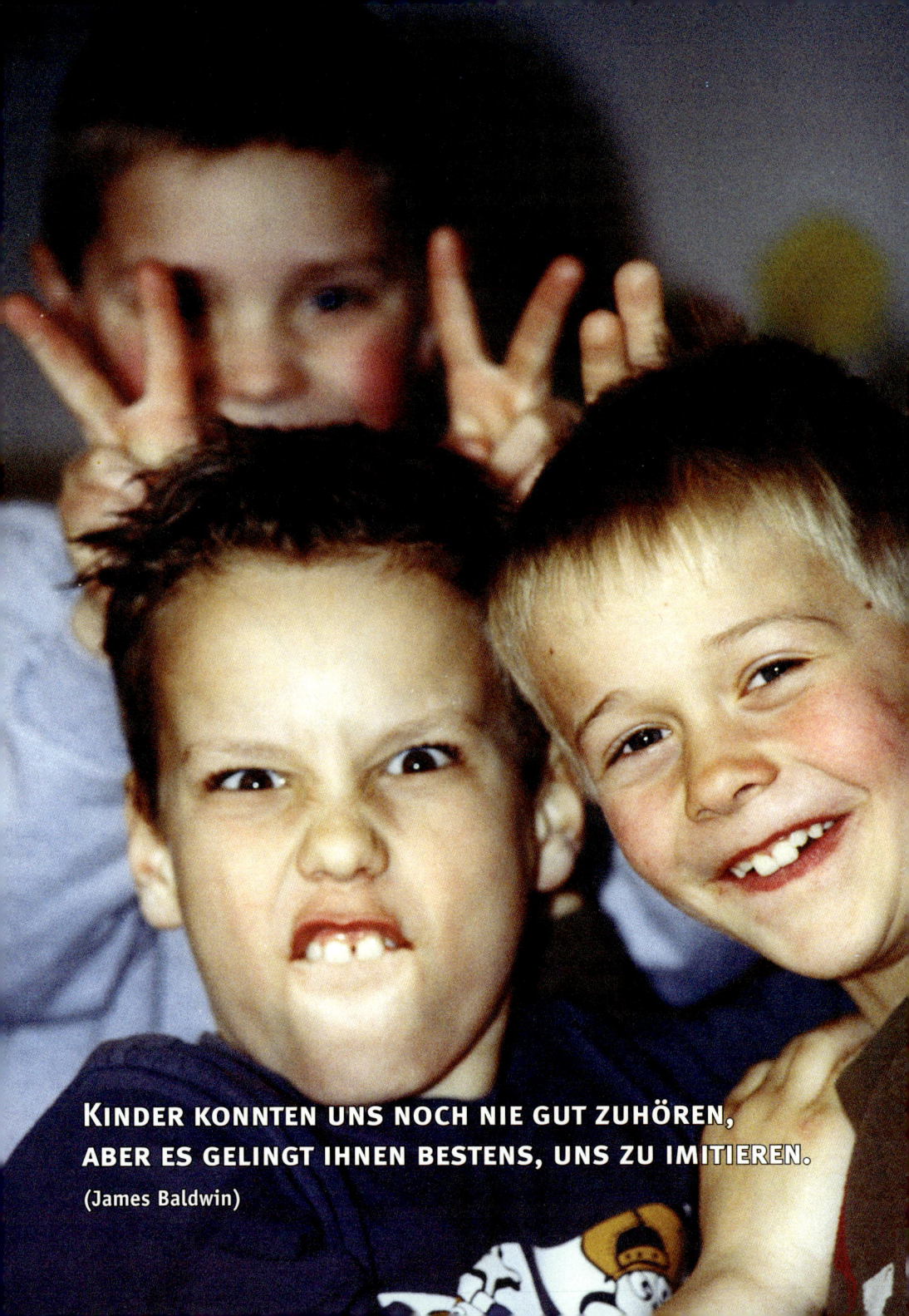

Kinder konnten uns noch nie gut zuhören, aber es gelingt ihnen bestens, uns zu imitieren.

(James Baldwin)

So sieht der Schulalltag des Anfängers aus

Hauptsache: Überleben im Schulalltag,
viele Hochs und Tiefs,
vieles gelingt – vieles misslingt,
es ist nicht zu schaffen, dass alle Stunden gut vorbereitet werden:
oft klebt man noch zu sehr am Lehrbuch,
hohes Engagement in der Schule,
viele Enttäuschungen und gelegentlich sogar Einsamkeit,
viele schmerzliche, unverständliche, tröstliche und motivierende Erfahrungen,
schlechtes Zeitmanagement,
Disziplinprobleme,
Auseinandersetzungen mit den Eltern.

Schule für einen Fortgeschrittenen

Mehr Wissen und Erfahrung über einzelne Klassen als Gruppen,
eine Reihe von Handlungsmustern wird schneller erkannt,
man lernt, sich taktischer zu verhalten,
Fortgeschrittene „kriegen mehr auf die Reihe" als Anfänger,
Stunden können besser beurteilt und mit dem Unterrichtstag in Zusammenhang gebracht werden,
methodisch und didaktisch schlechte Stunden erlebt man bewusster, sie lösen aber keine Ängste mehr aus,
erfahrener in Entscheidungen,
geschickter, sich das Leben etwas einfacher zu machen.

Erfahrene Lehrkraft

Übernimmt Verantwortung,
fühlt sich im Klassenzimmer zu Hause,
hat im Großen und Ganzen keine disziplinarischen Probleme mehr,
wird gelassener,
Routine tritt ein,
unvorbereitete Stunden sind oft nicht die schlechtesten,
Korrekturen werden immer beschwerlicher erlebt,
die Benotung wird großzügiger,
manchmal kann man schon problemlos „Fünfe gerade sein lassen".

> **Gestandene Lehrkraft**
> hat ein Gefühl für Situationen in der Klasse,
> kann sich ohne innere Beteiligung eindrucksvoll aufregen,
> sie weiß, fühlt, erkennt, was abläuft,
> Entscheidungen basieren auf Erfahrungen,
> Niveau des Unterrichts steigt,
> Gelassenheit und Humor gehören als fester Bestandteil zum Unterricht,
> muss nicht immer Recht behalten,
> gibt ganz gute Prognosen ab,
> hat im Kollegium ihren festen Platz.

Junge Lehrer kommen voller Optimismus, Tatendrang und einer meist sehr positiven Einstellung zu Kindern und Jugendlichen an die Schule. Sie werden leider von den oben beschriebenen Disziplinproblemen überrollt. Sie sind schockiert. So hatten sie sich ihre Arbeit und das Verhalten der Kinder nicht vorgestellt. Sie befürchten die Kontrolle zu verlieren. In der Not greifen sie zu massiven Maßnahmen. Sie strafen besonders hart. Dabei überschreiten sie oft ihre eigenen Grenzen. Die Schüler reagieren plötzlich in der erwünschten Weise, sie hören auf zu stören und halten sich zurück.

Der junge Lehrer zieht daraus die Schlüsse, dass nur ganz harte Maßnahmen bei dieser Klasse erfolgreich sind. Er entwickelt ein negatives Interaktionsmuster mit der Klasse. Schon bei kleineren Störungen geht er sehr streng dagegen an, um nicht wieder Gefahr zu laufen, die Kontrolle zu verlieren. Da sich der Mensch nicht lange anders verhalten kann, als es seiner Einstellung entspricht, ändern er seine Einstellung Schüler gegenüber. „Diese Schüler sind so schrecklich, dass sie nur auf Strafreize reagieren."

Ein solcher Verlauf ist besonders bedauerlich, da er aus Idealisten Zyniker werden lässt.

> Eine junge Sängerin berichtet von ihren Unterrichtserfahrungen: „Ich hatte die Möglichkeit, regelmäßig an der Gesamtschule Musik zu unterrichten, sogar zu Zeiten, die ich selber festlegen konnte. Es war ein einziger Kampf. Entweder ihr oder ich, habe ich mir gesagt. Es ging so weit, dass ich die Klasse angebrüllt habe: ‚Ihr seid doch der letzte Dreck!' Plötzlich war Ruhe. So ging's. Ich habe gekündigt. So wollte ich nicht sein, das habe ich schnell gemerkt."

Wenige Lehrer kündigen eine sichere Stelle, weil sie mit der Rolle, in die sie sich gedrängt fühlen, nicht klarkommen. Vielleicht ist es gerade um diese Lehrer besonders schade.

Nicht jeder ist für die Schule geboren. Manch einer wird merken, dass er in diesem Beruf nicht glücklich werden kann. Leider gelingt nicht allen Lehrern, sich im Schulalltag zu behaupten. Nicht wenige Lehrer erkranken an psychischen oder psychosomatischen Störungen. Viele sehr engagierte Lehrer, die versuchen ihre Aufgabe besonders gut zu machen, und kaum Erfolg ernten oder Anerkennung erfahren, entwickeln das sogenannte Burnout-Syndrom.

> Beim **„Burnout-Syndrom"** handelt es sich um einen andauernden und schweren Erschöpfungszustand mit sowohl seelischen als auch körperlichen Beschwerden. Die Betroffenen fühlen sich erschöpft und leer, sie sehen den Sinn und Nutzen ihrer eigenen Arbeit nicht mehr und haben den Glauben an sich selbst verloren. Besonders fatal ist der Verlust der persönlichen Wertschätzung sich selbst und anderen gegenüber. (Prof. Dr. med. Joachim Bauer)

Eine Prise Theorie

Stolpersteine

Die ersten Wochen

Das Klassenklima

Bewährtes und Neues

Auch aus Steinen, die einem in den Weg gelegt werden, kann man ein schönes Muster legen.
(frei nach Virginia Satir)

Nach dem Studium ging ich zusammen mit vielen meiner Bekannten sofort ins Referendariat. Wir hatten von der Schule ein bestimmtes Bild, kein sehr positives, und fassten den Vorsatz: „Wir machen alles anders, egal ob richtig oder falsch." Als Anfänger erlitten wir in vielen Dingen Schiffbruch und mussten so manche schmerzhafte Erfahrung machen. Wir wollten alles „besser" machen. Es ist uns nur teilweise gelungen, weil wir den Schulalltag nicht kannten. Manchmal ist es für Anfänger schwer, zu begreifen, dass die Anforderungen an den Anfänger nicht die gleichen sind wie an eine routinierte und erfahrene Lehrkraft.

Junge Lehrer starten voller Ideen und werden von den unerwarteten Schwierigkeiten oft unsanft erschüttert und aus der Bahn geworfen. Jede Lehrkraft stößt nach und nach auf sie: Stolpersteine, die uns im Schulalltag ständig zu schaffen machen.

Diese Stolpersteine können aber auch als Anstoß dienen und uns herausfordern, uns eine Lösung einfallen zu lassen oder einen anderen Weg einzuschlagen. So sammelt man im Lauf der Jahre wertvolle Erfahrungen, die einem helfen den Alltag und kommende Schwierigkeiten zu meistern.

Stolperstein eins: Perfektionismus

= Baustein eins: Nobody is perfect

Mit der Vorstellung, von Anfang an perfekt sein zu müssen, setzen wir uns selbst unter starken Druck. Wir denken: „Ich muss immer kompetent sein. Auf jede Frage muss ich eine Antwort wissen. In jeder Situation muss ich richtig reagieren. Alle Schüler ‚müssen' mich lieben, und das werden sie tun, wenn mein Unterricht besonders gut ist und ich ein richtig guter Lehrer bin." Je mehr Sätze mit „ich muss" beginnen, desto höher ist der persönliche Stress.

Zu jedem Lernprozess gehören Fehler und Frustrationen. Klappt nicht alles von Anfang, ist es kein Grund, zu resignieren. Gelingt es einem, das anzuerkennen, was erreicht wurde, führt dies zu mehr Gelassenheit und Ruhe. Diese Haltung benötigt man in gleicher Weise für die Beurteilung der eigenen Leistungen wie für die der Schüler.

Stolperstein zwei: Zeitdruck

= Baustein zwei: Geduld

Gerade zu Beginn der Lehrtätigkeit fällt es fast allen schwer, die Zeit richtig einzuschätzen. Meistens hat man zu viel für eine Stunde vorbereitet. Aber selten verläuft eine Stunde nach Plan. Während der Unterrichtszeit verfällt man in Hektik und versucht schneller zu werden. Dies führt dazu, dass die Schüler unruhig werden. Die meisten *kommen nicht mehr mit*. In diesem Moment sollte man *einen Gang runterschalten*. Ruhe zu bewahren und geduldig auf die Schüler einzugehen ist besser, auch wenn nur die Hälfte von dem erreicht wird, was geplant war.

Stolperstein drei: Kontrolle ist gut...

= Baustein drei: Vertrauen ist besser

Als ich mein erstes Konzentrationstraining in einer Schule für Lernhilfe durchführte, saßen acht Kinder der Mittelstufe um mich herum. Die beiden Lehrkräfte der Klasse nahmen ebenfalls teil. Die Kinder sahen mich gespannt an und harrten der Dinge, die da kommen würden.

Ich begann mit einer Übung und bat die Schüler ein Blatt Papier und einen Stift vor sich hinzulegen. Keiner der Schüler machte Anstalten, in irgendeiner Form aktiv zu werden. Gleichzeitig aber rannte die eine Lehrkraft an den Schrank und nahm von einem großen Stapel weißer Blätter Papier, zählte entsprechend viele ab, während die andere in eine Schublade griff, Bleistifte sortierte und damit begann, sie zu spitzen...

Die Chinesen kennen den Spruch: „Gib einem Menschen einen Fisch und du machst ihn satt für einen Tag. Lehre ihn fischen und du gibst ihm Nahrung für sein ganzes Leben."

Wissenschaftler gehen davon aus, dass eine Lehrkraft im Rahmen eines Unterrichtstags ungefähr fünfhundert Entscheidungen trifft, wie etwas zu organisieren, zu regeln und auszuführen ist.

Der Trick im Unterricht besteht darin:
1. die fünfundzwanzig Helfer in einer Klasse einzubinden, sie produktiv sein zu lassen und ihnen Verantwortung zu übergeben.
2. Die Zahl der Entscheidungen, die man selbst trifft, zu verringern.

Dies gilt besonders auch außerhalb der gewohnten Unterrichtssituation. Immer wieder haben Lehrkräfte Probleme damit, schwierige Kinder mit auf Klassenfahrt zu nehmen. Sie befürchten, das schlechte Verhalten des Kindes, wie sie es im Unterricht erleben, „sprenge" die gesamte Reise. Sie haben Angst davor, die Situation nicht mehr kontrollieren zu können.

Von daher erlebe ich oft, dass die Unruhigeren, Überaktiven und Impulsiven zu Hause bleiben müssen. Gerade Kinder, die eine solche Fahrt brauchen, um Sozialverhalten zu erlernen, bekommen nicht die Erlaubnis mitzufahren.

**Ich höre – und ich vergesse.
Ich sehe – und ich erinnere mich.
Ich handle – und ich verstehe.**

(chinesisches Sprichwort)

Fahren sie doch mit, gliedern sie sich in der Regel gut in den Ablauf einer Klassenfahrt ein. Sie verhalten sich oft sehr anständig, arbeiten viel besser mit als im Unterricht und gehorchen problemlos.

Besonders günstig ist es, sie in den Ablauf einer solchen Fahrt einzubinden und ihnen Aufgaben und Verantwortung zu übertragen. Sind sie damit beschäftigt, Dinge einzusammeln, zu verteilen, zu verkaufen, zu ermitteln, zu erkunden etc. – machen sie überhaupt keine Probleme. Sie helfen in der Regel sehr gern und die Lehrkraft beginnt sie mit anderen Augen zu sehen, auch wenn sie Bedenken hatte, zu delegieren.

Delegieren bedeutet, die hohe Zahl der Entscheidungen einerseits deutlich zu verringern und andererseits die von Entscheidungen abhängigen zu unabhängigen Schülern zu machen. Natürlich bedeutet es auch etwas Kontrolle abzugeben.

Stolperstein vier: Gewohnheiten

= Baustein vier: Lust auf anderes

Eingefahrene Gewohnheiten und Rituale zu brechen fällt jedem schwer. Durch die Routine erfahren wir Sicherheit, wir wissen, was wir können, und konzentrieren uns so auf andere Prozesse im Unterricht. Jeder junge Lehrer ist froh, wenn er diesen Zustand endlich erreicht hat. Leider aber findet dann keine Entwicklung mehr statt. Eine lähmende Berufsmüdigkeit führt zu neuen Unterrichtsstörungen.

> Eine Schülerin aus dem Gymnasium beschreibt das so: Am schlimmsten ist es schließlich, wenn die Schüler merken, dass der Unterricht nicht nur sie selbst, sondern auch den eigenen Lehrer langweilt. Dieser Umstand ist wirklich nicht motivierend und man fängt an sich zu fragen, ob man nicht einfach schwänzen soll, was natürlich auch nicht die perfekte Lösung ist.
>
> Ich habe da ein schönes Beispiel, nämlich meine Mathe- und ehemalige Erdkundelehrerin, Frau X. Frau X. bereitet keine Stunden vor, macht jede Woche stur ihren Stoff, egal ob etwas beim Schüler hängen bleibt oder nicht.
>
> Es kam sogar einmal so weit, dass wir mit Frau X. diskutierten, ob wir heute nicht mal ausnahmsweise die sechste Stunde [Erdkunde] ausfallen lassen könnten. So etwas sollte man als Lehrer gar nicht erst anfangen. Mit der Klasse zu diskutieren ist äußerst schwierig und nervenaufreibend. Leider, oder sollte ich sagen zum Glück (?), ließ sich Frau X. indirekt von uns zwingen, mit uns darüber zu diskutieren, was dazu führte, dass wir eine halbe Stunde redeten und zehn Minuten Unterricht machten. Frau X. war fünf Minuten zu spät gekommen.

> Auch die Art des Unterrichts ließ die Schüler einfach merken, dass der Lehrer, der vorn saß und irgendwas über die Wirtschaft Luxemburgs herunterratterte, genau so wenig Lust hatte hier zu sein, wie sie selbst.
>
> Daraus folgte dann auch, dass sich niemand mehr meldete und der Unterricht gänzlich einschlummerte. Ich kann heute nicht mehr sagen, was Frau X. uns erzählt hat. Dafür kann ich die Fliesen der Decke aufzählen. Hat was.

Beachtet die Lehrkraft in der Gestaltung des Unterrichts nicht die Bedürfnisse der Schüler, so wird der Unterricht am Widerstand der Klasse scheitern.

Lehrkräfte, die sich Neuem gegenüber aufgeschlossen zeigen, wirken auch selbst vital und flexibel. Sie empfinden auch nach langer Berufstätigkeit das Unterrichten noch als interessant. Sie erproben gern Neues und erweitern ihr Repertoire mit zusätzlichen Methoden.

In einer Zeit, in der jeder von „Tools" und „Supports" spricht, wird leicht vergessen, was konkret erwartet wird:
- Aufgeschlossenheit gegenüber neuen Methoden und Ansätzen,
- Bereitschaft zur Verbesserung des eigenen Methodenrepertoires durch entsprechende Informationen und Fortbildungen.

Wer eben als Werkzeug nur einen Hammer hat, behandelt alle wie Nägel.

Wer nur das tut, was er schon immer getan hat, wird auch nur das erreichen, was er schon immer erreicht hat.

Nicht jeder neue Ansatz ist sofort von Erfolg gekrönt. Man sollte sich mehrere Versuche zugestehen, bevor man urteilt, dass etwas wirklich „nichts bringt". So viele Faktoren spielen eine Rolle, und sie sind nicht jeden Tag gleich. Mal ist die Klasse erschöpft, weil sie gerade eine Arbeit geschrieben hat, oder sie ist wegen einer Auseinandersetzung in der Pause aufgebracht. In dem ersten Fall möchten die Schüler vielleicht gerne eine Geschichte vorgelesen bekommen, auf die sie sich in der andern Situation nicht konzentrieren können, weil sie anderes zu stark beschäftigt. Selbst die schönste Unterrichtsplanung sollte verändert oder verschoben werden, wenn die guten Ideen, aus was für Gründen auch immer, heute nicht passen.

> Vor einiger Zeit hat mich eine junge Lehrerin an einem Gymnasium aufgesucht und mit mir besprochen, wie schwierig ihre jetzige Sieben ist.
>
> Es ist ihre erste Klasse, die sie als Klassenlehrerin führt. Sie hat sich überlegt, ob sie Übungen zum Sozialverhalten in der Klasse durchführen könnte.

Ich empfehle ihr das Experiment *Fünf Finger – fünf Komplimente*. Nach einer Woche kommt sie wieder zu mir und ist ganz begeistert. Das Experiment hat sehr gut geklappt und sie hat ein entsprechendes Feedback auch in der Klasse erhalten. Sie möchte auf jeden Fall weitermachen. Ich schlage ihr zwei weitere Experimente vor.

Nach wieder einer Woche kommt sie und ist ganz enttäuscht. Sie berichtet, dass sie noch ein Experiment durchgeführt habe, dass es aber total gescheitert sei. Jetzt möchte sie keine Übungen mehr machen. Sie glaubt, dass man bei dieser Klasse mit sozialem Lernen nichts erreicht. Sie ist erst kurze Zeit im Schuldienst und schon nach einer misslungenen Übung „schmeißt sie die Flinte ins Korn".

Stolperstein fünf: Autorität

= Baustein fünf: Gegenseitige Akzeptanz

Schon in meiner eigenen Schulzeit kannte man sie, die Lehrkräfte, die als besonders empfindlich galten und ständig auf ihre Autorität pochten.

So berichtete mir ein Jugendlicher von seinem Englischlehrer, der in der ersten Unterrichtsstunde einen völlig lockeren und mit kleinen Witzen gespickten Unterricht machte. Die Klasse war begeistert. Auch in der zweiten Stunde setzte sich dies fort.

Nach vier Wochen stellten die Schüler fest, dass sich die Witze doch wiederholten. Und nachdem sie nun zum zehnten Mal gefallen waren, fand sie eigentlich keiner mehr witzig. Auch die Sätze auf Kosten der Schüler selbst waren kaum zu ertragen. Schließlich passierte es, dass einer der Schüler auch einmal ein „Witzchen" über die Lehrkraft machte. Diese fühlte sich persönlich angegriffen, berief eine Klassenkonferenz ein und versuchte, eine Ordnungsmaßnahme gegen den Schüler zu erreichen.

Der Schüler hatte den Bereich der von der Lehrkraft gesetzten Autorität offensichtlich verletzt. So hatte die Klasse schon nach acht Wochen gelernt, dass es zwar Witze gibt, die über einzelne Schüler und deren Schwächen zum Lachen führen, dass aber nie die Autorität der Lehrkraft in Frage gestellt werden darf. Nach einigen Monaten „ödete der Unterricht sie an", weil sie inzwischen alle Witze kannten und den Mechanismus durchschaut hatten.

Ich selbst war zu Beginn meiner Lehrtätigkeit eher zu streng. Von daher schnitten mir die Schüler einer achten Klasse bereits am zweiten Tag alle vier Reifen durch. Ich habe damals darüber nachgedacht, was diese Handlung der Schüler zu bedeuten hat. Ich kam zu dem Schluss, dass sich die Schüler gegen die ungerechte

Strenge von mir wehren wollten, aber nicht den Mut hatten ihre Kritik zu äußern. Ich besprach mit ihnen meine Einschätzung und verdeutlichte ihnen, dass sie in der Sache vielleicht Recht hatten, aber einen falschen Weg gewählt hatten. Auf Dauer sei dieser Weg für sie und für mich zu destruktiv. Wir einigten uns darauf, miteinander zu sprechen. Später kam ich dann mit ihnen sehr gut zurecht und habe noch heute Kontakt zu dieser Klasse.

Über die Reibungen zu Beginn entstand eine tragfähige Beziehung. Mir persönlich sind Klassen, die in die Auseinandersetzung gehen, lieber als welche, zu denen man gar keine Beziehung aufbauen kann.

Es gibt ein Sprichwort, das sagt: Ein toter Hund kriegt keinen Tritt mehr. So fühlt man sich, wenn man auf einen speziellen Klassentyp trifft:

Diese Klassen wirken oberflächlich diszipliniert. Sie sind auffällig ruhig und stören wenig. Sie zeigen aber auch kaum Reaktionen, beteiligen sich weniger am Unterricht und scheinen sich für nichts zu interessieren. Die Lehrkraft kann sie nur schwer einschätzen und nicht beurteilen, was sie präferieren, was sie ablehnen und was sie motiviert. Die Lehrkraft als Person scheint ihnen völlig gleichgültig zu sein. Zu solchen Klassen kann man kaum eine menschliche Beziehung aufbauen und läuft mit vielen Bemühungen ins Leere. Eine solche Klasse aus ihrer Passivität aufzuwecken bedeutet viel Arbeit, vor allem auf der Beziehungsebene, und kann sehr frustrierend sein.

Stolperstein sechs: Ärger

= Baustein sechs: Humor

Wie überall im Leben gibt es auch in der Schule tausend Gelegenheiten sich zu ärgern. Viele hängen mit dem Verhalten der Schüler zusammen.

> An meinem ehemaligen Gymnasium ereignete sich die folgende Geschichte: Die fünfte Klasse hatte plötzlich die Idee ihrem noch recht jungen Lehrer Herrn S. einen Streich zu spielen. Sie legten alle ihre Schultaschen vor die Tür des Klassenraumes. Der Unterricht sollte erst beginnen können, wenn Herr S. jedem Kind den richtigen Ranzen zugeordnet hätte. Herr S. ärgerte sich nicht über diese Idee seiner Schüler, unterbreitete ihnen aber einen anderen Vorschlag: Wenn ich es schaffe über alle Taschen in die Klasse hinein zu springen, nimmt sich jeder seine Tasche und wir fangen mit Deutsch an. Die Klasse war einverstanden. Herr S. nahm Anlauf und sprang. Leider unterschätzte er seine eigene Körperlänge und sprang mit dem Kopf gegen den Türrahmen. Er brach zusammen und musste ins Krankenhaus gebracht werden. Für seine Schüler war er trotzdem ein Held.

Unerwartete Situationen nicht als Bedrohung aufzufassen, sondern flexibel reagieren zu können, ist eine Fähigkeit, die einem überall hilft. Humorvoll zu reagieren, vielleicht einfach mal zu *lachen*, tut einem selber und den Schülern gut. Ein schöner Aspekt am Lehrerberuf ist nun mal, dass man täglich mit Kindern zu tun hat.

Stolperstein sieben: Ist das wirklich noch meine Aufgabe?

= Baustein sieben: Gesunder Menschenverstand

Während meiner Lehrerausbildung betonte mein Mentor stets: „Man kann eine Lehrkraft für ihren Fachunterricht entlohnen, aber ob sie sich um die Schüler sorgt, ist mit Geld nicht zu regeln."

Zu Recht vertrat er die Auffassung, dass gute Lehrkräfte einen Schüler niemals aufgeben. Sie sind fest davon überzeugt, dass jeder Schüler eine Reihe von guten und positiven Elementen in sich trägt, mit denen sie im Unterricht arbeiten können. Sie zielen nicht ständig auf großartige Veränderungen ab. Vielmehr ermöglichen sie kleine Veränderungen. Auch diese gelten als Erfolg.

Manchmal sind es normale menschliche Reaktionen, die den ersten Schritt zu Veränderungen bedeuten. Es sind Maßnahmen, die einem keiner an der Uni beigebracht hat, sondern die uns der gesunde Menschenverstand rät. Eine spontane, aber menschliche Reaktion bewirkt manchmal mehr als eine pädagogisch korrekte Konsequenz.

Jerome kam mit acht Jahren zu uns ins Verhaltenstraining[11]. Wie in seiner Schulklasse machten die Kinder immer wieder Bemerkungen darüber, dass er dreckige Sachen anhatte und auch roch. Wenn ich mich ihm näherte, stellte ich oft fest, wie richtig die Einschätzung der Kinder war: er stank nach Urin.

Jerome war selten gekämmt und zu allem Überfluss, wofür er nichts konnte, schielte er auch noch. Seine Mutter versicherte uns immer wieder, dass bei Jerome nichts zu machen sei. Er sei bereits nach dem Anziehen sauberer Sachen innerhalb weniger Minuten wieder dreckig und könne am Tag zwanzigmal gewaschen werden und es würde nichts nutzen. Seine Lehrerin war der festen Überzeugung, dass durch Training noch etwas zu bewirken sei.

---

[11] Die Kinder, die in Marburg an einem Verhaltenstraining teilnehmen, trainieren zunächst in einer Gruppe von ca. 15-20 Kindern einmal pro Woche. Nach einem halben Jahr fährt die Gruppe zu einem Ferienaufenthalt auf die Insel Sylt.

Nach einem halben Jahr fuhr Jerome mit uns in sein erstes Ferientraining. Schon in der ersten Nacht ging es los. Plötzlich stand er im Flur und schrie. Er hatte Durchfall und der Kot lief ihm an den Beinen herunter. Er wusste sich nicht mehr zu helfen. Er heulte und schrie mich an und fragte: „Was soll ich denn machen?"

Er regte sich furchtbar auf und beruhigte sich auch nicht, als ich ihn an der Hand fasste und schließlich zu ihm sagte: „Also gut, wir zeigen dir jetzt, wie man mit Durchfall umgeht." Wir stellten ihn unter die Dusche, zeigten ihm, wie man sich wäscht. Und ein Betreuer musste ihm auch beibringen, wie man sich den Hintern richtig abputzt. Schließlich wuschen wir alle seine Anziehsachen und kauften ihm einen neuen Pullover – einen blauen wollenen Trojer. Er erhielt zusätzlich eine Baseballkappe, auf der „Chief" stand.

Schon nach zwei Tagen stellten wir fest, dass sich Jerome sehr um seine Sachen bemühte. Der Pullover gefiel ihm gut, aber vor allem die Kappe fand er wunderbar. Er duschte sich jetzt täglich, hielt sich sauber, wusch sich die Haare und putzte sich auch die Nase, aus der sonst immer etwas Sekret floss.

Mittags beim Essen saß er neben mir und so, wie er mit Messer und Gabel hantierte, musste man befürchten, dass er sich selbst in Kürze verletzen würde. Schließlich guckte er mich an, legte den Löffel aus der Hand, zeigte auf das Besteck und sagte zu mir: „Zeig's mir!" Ich brachte ihm bei, wie man mit Messer und Gabel im Großen und Ganzen umgeht und wie man vernünftig isst. Er lernte es innerhalb eines Tages.

Jerome fiel nach dem Training in der Schule sofort auf, weil er plötzlich sauber angezogen, gewaschen und gekämmt war. Seine Lehrerin rief mich sofort nach den Ferien an und berichtete mir aufgeregt von den sensationellen Veränderungen. Immer wieder betonte sie, dass sie nie gedacht hätte, dass Jerome usw. Sie freute sich riesig und war glücklich. Sie bekräftigte ihn, machte ihm Mut und sorgte dafür, dass er auch beim Lernen Fortschritte machte.

Heute ist er in der sechsten Klasse. Manchmal sehe ich ihn auf dem Schulhof. Die Baseballkappe trägt er noch. Und wenn er mich trifft, tippt er lässig an die Kappe, grüßt, nickt mir freundlich zu und lächelt verlegen…

Stolperstein acht: Mission impossible

= Baustein acht: Besser als nichts

Über manches nachzudenken lohnt sich. Manchmal glauben wir, genau zu wissen, welches die Probleme unserer Schüler sind. Wir analysieren sie und kommen zu der Auffassung, dass nichts mehr veränderbar ist und nur wenig noch Sinn macht.

Diese Einschätzung aber ist das eigentliche Problem. Wie oft ist zu hören: „Ich könnte etwas machen, nur wenn die Eltern ein wenig mitarbeiten würden. Aber sie entziehen sich. Deshalb kann auch ich nichts bewirken."

Hilfestellungen werden unterlassen, weil sie sinnlos scheinen. Man glaubt zu wissen, warum sich ein Schüler nicht weiterentwickelt, keine Fortschritte macht oder sich verweigert. „Gründe" gibt es viele: katastrophale Familiensituation, Unfähigkeit der Eltern zu erziehen, ständiger Fernsehkonsum, Vorliebe für Drogen usw.

Es entsteht eine Erklärung für das jeweilige Verhalten verbunden mit der festen Überzeugung, dass Veränderungen unmöglich sind, weil es so viele unveränderliche Ursachen gibt.

Immer wieder werde ich auf Fortbildungen gefragt, ob es überhaupt lohnt, mit einem Schüler ohne die Unterstützung des Elternhauses zu arbeiten. Aus dem Training schwieriger Kinder weiß ich, dass es eine ganze Reihe Kinder gibt, die sich in der Schule völlig anders verhalten als zu Hause. In der Schule erlernen sie Regeln und Strukturen und sie wissen ganz genau, dass sie hier gelten. Zu Hause aber kommen die Regeln nicht zum Einsatz, weil dort anders verfahren wird. Dort gibt es keine Konsequenzen, keine Strukturen, wenig Ermutigung und Verständnis. Das Kind agiert in der Schule anders als zu Hause. Es weiß genau, was in der Schule gilt und zu Hause dennoch nicht umsetzbar ist. Veränderungen geschehen trotz aller Schwierigkeiten.

Hier unterlaufen häufig Fehleinschätzungen. Und erst später bemerkt man, wie falsch sie waren. Diese Erfahrung zu machen kann bitter sein. So heißt es: Die Erfahrung ist eine gnadenlose Lehrerin: Sie schreibt sofort die Klassenarbeit und erklärt erst dann den Unterrichtsstoff.

Die ganze Welt werden wir nicht verändern und viele Entwicklungen werden ihren Lauf nehmen, ganz anders als wir uns das für ein Kind wünschen. Aber dennoch sollte jeder überlegen, ob nicht ein Minimum für dieses Kind zu tun ist.

> Dennis ist ein sechsjähriger Junge und besucht die Vorklasse einer großen Gesamtschule. Er kennt wenig Regeln, sein Verhalten gibt zu Sorgen Anlass. Er ist unruhig und kann sich nur schwer in die Gruppe einordnen. Die Eltern haben Probleme miteinander. Häufig „rastet" Dennis im Unterricht der Vorklasse aus. Er hat dann einen Wutanfall und beschimpft seine Vorklassenleiterin auf das unflätigste. Diese weiß schon nicht mehr, was sie tun soll, und kommt zu der Auffassung, dass aufgrund der Situation zu Hause in der Schule nichts machbar sei. Seine Lehrerin ist der Auffassung, dass sie alles getan hat, was man mit solch einem Kind tun kann.
>
> Sie sorgt dafür, dass Dennis vom Unterricht suspendiert wird. Er muss nicht einen Tag zu Hause bleiben, sondern wird für vier Wochen ausgeschult. Die Ausschulung – das weiß sie auch – setzt die Mutter unter Druck. Die Mutter kann den Jungen

nicht allein zu Hause lassen, sie kann ihn aber auch nicht auf die Arbeit mitnehmen. Von daher stimmt sie Vorschlägen zu, die sie eher nicht akzeptiert, und ist zu vielem bereit.

Sie willigt ein, dass Dennis in einer Kinder- und Jugendpsychiatrie vorgestellt wird. Dort bleibt er vier Monate. Psychopharmaka wie Ritalin, Medikinet oder Concerta verträgt er nicht, sie führen zu einer Verschlechterung seines Blutbildes und zu epileptischen Anfällen.

Inzwischen ist Dennis zu Hause kaum noch zu ertragen. Ganz abgesehen davon, dass die Eltern sich nicht auf eine gemeinsame Erziehungskonzeption einigen können.

So kommt Dennis in das erste Heim. Dort hat man sich auf Kinder mit ADHS (Aufmerksamkeits-Defizit-Störung mit Hyperaktivität) spezialisiert. Alle Bemühungen scheitern. Das Heim gibt auf.

Dennis kommt erneut in die Psychiatrie. Er bleibt dort fast ein Jahr, weil man versucht den Konflikt zwischen Vater und Mutter zu bearbeiten. Als dies nicht gelingt, weil die Eltern eine Mediation nicht annehmen können, kommt Dennis ins zweite Heim. Dort bleibt er zwei Jahre.

Schließlich will er wieder nach Hause, er ist inzwischen zehn Jahre alt. Er verweigert die Mitarbeit und entwickelt starken Widerstand, den er nur bereit ist aufzugeben, wenn man ihn wieder nach Hause lässt.

Als er nach Hause kommt, hat sich die familiäre Situation etwas geglättet. Die Mutter hat sich von ihrem früheren Partner getrennt und einen neuen kennen gelernt.

Dennis bemüht sich in der Familie, aber er testet immer wieder aus, ob sie ihn trägt. Manche Hilfsangebote kann er nicht akzeptieren, weil er gern als ganz normaler Schüler angesehen werden möchte. Er nimmt an einem Training für hyperaktive Kinder teil und fährt mit ihnen eine Woche an die Nordsee[12]. Dort gilt seine ganze Liebe einem Border Collie, der mit zu der Trainingsgruppe gehört. Dennis sorgt für den Hund, füttert ihn, tobt mit ihm und kuschelt sich an ihn. Hier verhält er sich fürsorglich, zeigt klare Strukturen, wendet Regeln an und tut eigentlich alles, was man für ihn hätte tun können. Immer wieder versichert er: „Hunde lieb' ich."

Dennis lernte fast alle Risikofaktoren (s. o.) für eine schlechte Entwicklung in seinem bisherigen Leben kennen. Einen Freund zu finden – und sei es ein Hund – bedeutet wenigstens einen Schutzfaktor zu haben.

---

[12] Die Kinder, die in Marburg an einem Verhaltenstraining teilnehmen, trainieren zunächst in einer Gruppe von ca. 15-20 Kindern einmal pro Woche. Nach einem halben Jahr fährt die Gruppe zu einem Ferienaufenthalt auf die Insel Sylt.

Der Hund kennt den problematischen Hintergrund des Kindes nicht, er reagiert auf das Kind ohne jede pädagogische Überlegung und ohne Vorbehalte. So konnte Dennis etwas erfahren, was ihm bis dahin völlig fremd war, nämlich so angenommen zu werden, wie er ist. Der Hund hat Dennis eine lebenswichtige Erfahrung ermöglicht und ihn dadurch gestärkt. Ich habe selbst nicht damit gerechnet, dass ein Hund so viel therapeutischen Einfluss auf ein Kind haben kann.

Als mittlerweile gestandene Lehrkraft nehme ich den Hund auch mit in den Unterricht. Solche Freiheit hätte ich als junger Lehrer natürlich nicht gehabt.

Eine Prise Theorie

Stolpersteine

Die ersten Wochen

Das Klassenklima

Bewährtes und Neues

The first five minutes

Zu Beginn meines Psychologiestudiums fiel mir ein Artikel von *Gregory Bateson* in die Hände. Er trägt den Titel: *The first five minutes* – Bateson weist beeindruckend nach, dass die Mehrzahl der Psychologen in den ersten fünf Minuten auf Grund gewisser Strategien die Diagnose stellt, obwohl noch gar keine Untersuchung stattgefunden hat.

Auch auf den Schulalltag übertragen haben die ersten fünf Minuten eine besondere Bedeutung.

Mit Sicherheit beurteilen auch die meisten Klassen innerhalb der ersten fünf Minuten, wie sie mit dieser oder jener Lehrkraft umgehen, wie sie sich verhalten, wie sie auf sie reagieren werden. Die Lehrkraft selbst bildet sich ebenfalls ihr Urteil über die Klasse, ohne sie genauer zu kennen und mit ihr über einen längeren Zeitraum gearbeitet zu haben.

Ich kann mich selbst noch sehr gut daran zurückerinnern, dass ich oft in eine Klasse kam und dachte: „Mit dieser Klasse wirst du gut zurecht kommen." Oder aber: „Diese Klasse wird Schwierigkeiten machen. Sie ist nicht ‚ohne'." Erschöpfend zu analysieren, aufgrund welcher Vorzeichen man zu einem solchen Urteil kommt, ist unmöglich. So entscheidet sich eben in den ersten fünf Minuten vieles.

Entsprechend werden in den ersten Wochen die Grundlagen für die Interaktion in der Klasse, für das Verhältnis der Schüler untereinander und mit der Lehrkraft gelegt.

Wer im Lehrberuf arbeitet, weiß, dass zu Beginn des Schuljahrs viele Lehrkräfte exzellent vorbereitet sind. Sie haben sich Gedanken über den Stoff, den sie durchnehmen möchten, gemacht, haben Unterrichtsreihen vorbereitet und wollen jetzt professionell mit dem Fachunterricht beginnen. Im Lauf des Schuljahres lässt dies nach. Dann kommen (gelegentlich) die Stunden, in denen man unvorbereitet ist. Sie sind manchmal nicht die schlechtesten, weil man sich vielleicht flexibler verhält.

Und gegen Ende des Schuljahres entsteht oft eine Art von Müdigkeit. Man wird zusehends lustloser oder verfällt in Hektik und stellt fest, wie viel noch durchzunehmen ist. Auffällig ist, dass zu Beginn des Schuljahres die Bereitschaft, sich mit der Interaktion in der Klasse zu beschäftigen, relativ gering ist.

Ein solches Verhalten erweist sich schnell als falsch, weil deutlich wird, wie außerordentlich bedeutsam Informationen über die einzelnen Schüler sind. Die Lehrkraft lernt so Schüler individuell kennen. Es entsteht ein persönliches Klima, die Motivation der Schüler für den Unterricht verbessert sich, und Verständnis und Empathie der Lehrkräfte vergrößern sich.

Die folgenden elf Experimente eignen sich besonders für den Einstieg in eine fremde Klasse, aber auch für Klassen, die man schon gut kennt. Sie entbinden uns davon, nach den Ferien die Schüler zu befragen, welches ihr „schönstes" Ferienerlebnis war.

Die Auswahl enthält Vorschläge für unterschiedliche Altersgruppen. Dabei kommt Übungen wie *Mein Wappen* besondere Bedeutung zu. Sie zeigen besonders genau, welche persönlichen Vorlieben Schüler haben.

Manchmal erwarten Schüler, dass die Lehrkraft auch ein solches *Wappen* anfertigt. Ich persönlich halte es nicht für sehr problematisch, an einer solchen Übung mitzumachen und sich nicht zu verschließen. Letztlich aber entscheidet jeder für sich selbst.

Ein ganz besonderer Bereich der Übungen zum Kennenlernen sind die *Malexperimente*. Sie führen oft nicht zu eindeutigen Ergebnissen, lassen aber viele Deutungen zu und erbringen in der Regel interessante Hinweise.

- Als Lehrkraft akzeptiert man grundsätzlich das Dargestellte und wertet es nicht.
- Man kann nachfragen, zuhören, kommentiert aber nie.

Die Malexperimente erfreuen sich bei Kindern und Jugendlichen großer Beliebtheit.

> In einem Seminar äußerten einige der Lehramtsstudenten Bedenken gegen die Malexperimente. Sie befürchteten, sie würden durch die Übungen „ein Fass aufmachen." Sie fühlten sich nicht kompetent, damit umgehen zu können, wenn die Kinder ihnen durch die Bilder mitteilen würden, dass etwas bei ihnen ganz und gar nicht in Ordnung sei.
>
> Es entstand eine lebhafte Diskussion darüber, was man als Lehrer über seine Schüler wissen und wie man mit diesem Wissen umgehen sollte.

Malexperimente sind gerade bei schwierigen Schülern eine gute Methode einen Zugang zu ihnen zu bekommen und über das Bild vielleicht eine bisher unbekannte Seite an dem Kind zu erkennen. Dies kann auch eine sehr positive Seite sein und Hinweise auf Stärken des Kindes geben.

Am besten lässt man das Bild und die Äußerungen des Kindes auf sich wirken ohne das Bild oder Details zu interpretieren.

Man weiß heute, dass Kinderzeichnungen schwer zu interpretieren sind und man nicht aus *einer* Zeichnung auf ein zugrunde liegendes Problem schließen kann.

Auf jeden Fall sollte man nur die Übungen in der Klasse einsetzen, die einem behagen und deren Durchführung man sich zutraut.

KENNENLERNEXPERIMENTE

Durchführung

Es empfiehlt sich, die Kennenlernexperimente auf die gleiche Art und Weise durchzuführen.

Die Auswahl der Kennenlernexperimente wurde so gestaltet, dass sowohl jüngere als auch ältere Schüler einbezogen werden können. Alle Experimente können mit beliebig vielen Teilnehmern durchgeführt werden.

Günstig ist, wenn die Teilnehmer im Kreis sitzen. Gerade bei Kennenlernübungen scheint es besonders wichtig zu sein, die anderen Mitspieler auch zu sehen. Lässt sich dies nicht realisieren, sind auch andere Sitzordnungen problemlos denkbar.

Die Durchführung jeder Übung ist genauestens beschrieben.

Feedback

Es erfolgen auch bei jedem Experiment einige Vorschläge für Auswertungsfragen. Man ist jedoch an sie nicht gebunden. Sie sollen in der Hauptsache Anregungen geben, aber auch andere Fragen jederzeit ermöglichen, sofern sie nicht suggestiv angelegt sind. Im Rahmen der Auswertungsfragen empfiehlt es sich sogar, auch einmal nachzufragen.

Nach jedem Kennenlernexperiment erfolgt ein Feedback. Bei dem Feedback haben die Teilnehmer die Möglichkeit, sich unterschiedlich lang und ausführlich zu äußern. Einerseits trauen sich einzelne vor den anderen ihr Feedback zu geben, aber andererseits ist es auch keine Katastrophe, wenn jemand die Rückmeldung verweigert.

Die Schüler geben einzeln ihr Feedback, d.h. sie sagen kurz, wie ihnen die Übung gefallen hat, wie es ihnen nun geht oder was sie noch beschäftigt. Zunächst einmal bedankt sich die Lehrkraft, die das Experiment durchgeführt hat, für das Feedback. Dies geschieht in der Regel durch ein schlichtes „Danke". Man sollte sich bemühen, dieses „Danke" mit Empathie zu sprechen, gleichgültig um welchen Schüler es sich handelt. Weitere Kommentare sind nicht zulässig. Auch wenn man registriert, dass der eine oder andere Schüler emotional sehr berührt ist, geht man nicht darauf ein: man spricht keine Worte des Trostes, kritisiert keine Äußerung, nivelliert Aussagen oder nimmt persönlich Stellung. Man lässt die Aussagen auf sich wirken. Sie lösen bei jedem anderes aus.

Nach dem Feedback ist die Übung zu Ende. Jetzt fasst die Lehrkraft auch nicht zusammen, gibt keine abschließenden Kommentare oder wertet noch einmal insgesamt, wie sie das Experiment erlebt hat.

1. Mein rechter, rechter Platz ist frei

Ziel:
Kinder lernen die Namen anderer kennen. Klassisches Spiel für eher Jüngere.

Alter:
sechs bis zehn Jahre

Material:
keines

Dauer:
zwanzig Minuten; beliebig viele Teilnehmer

Durchführung:
Bei diesem klassischen Anwärmspiel sitzen die Schüler im Stuhlkreis. Ein Stuhl ist frei, möglichst der rechte Stuhl neben der Lehrkraft. Sie beginnt: „Mein rechter, rechter Platz ist frei, ich wünsche mir ... herbei."
Wenn die Lehrkraft diesen Satz gesagt hat, läuft der angesprochene Schüler, so schnell er kann, zu diesem leeren Stuhl und setzt sich hin. Nun ist ein anderer rechter Stuhl freigeworden. Der Schüler, der auf der linken Seite des freien Stuhls sitzt, fährt fort und sagt: „Mein rechter, rechter Platz ist frei, ich wünsche mir ... herbei."

Variante:
Die Kinder sollen von ihrem ursprünglichen Platz zu ihrem neuen Sitzplatz als Tier kommen und die Bewegungen nachahmen. Ein Kind ruft ein anderes: „Mein rechter, rechter Platz ist frei, ich wünsche mir ... herbei." Es antwortet: „Als was soll ich kommen?" Jetzt wünscht sich das erste Kind ein Tier und das andere kommt als solches.

Auswertung:
Wie hat dir das Spiel gefallen? Was hat Spaß gemacht?

Pädagogische Hinweise:
Das Spiel macht sehr viel Spaß, vor allem jüngeren Kindern. Es gibt Kindern die Möglichkeit, auf spielerische Weise miteinander Kontakt aufzunehmen und sich mit anderen Schülern vertraut zu machen. Wenn immer dieselben Schüler gerufen werden, kann die Regel eingeführt werden, nur Schüler herbeizuwünschen, die noch nicht genannt wurden.

2. Meine Familie

Ziel:
Die Schüler reflektieren ihre Situation in der Familie und können sich mit den anderen darüber austauschen.

Alter:
ab zehn Jahren

Material:
Papier und Bleistifte, Arbeitsblatt *Meine Familie* (S. 63)

Dauer:
45 Minuten; beliebig viele Teilnehmer

Durchführung:
Die Lehrkraft schlägt vor, sich für einen Moment lang mit der eigenen Familie zu beschäftigen. Sie lässt das Arbeitsblatt *Meine Familie* verteilen.
Nach dem Ausfüllen stellen sich die Schüler zunächst in Vierergruppen gegenseitig ihre Familien vor. Sie achten auf Gemeinsamkeiten und Unterschiede. Anschließend berichten die Gruppen in der Klasse über ihre Ergebnisse.
Einzelne Blätter können vorgelesen werden.

Auswertung:
Welche Fragestellung war dir besonders wichtig?
Welche konntest du nur schwer beantworten?
Können sich die anderen jetzt eine Vorstellung über deine Familie machen?
Was hast du über die Familien der anderen erfahren?

Pädagogische Hinweise:
Nicht alle möchten ihren Fragebogen zeigen oder vorlesen. Als Lehrkraft akzeptiert man ein solches Verhalten und drängt nicht. Sammeln Sie aber die Bögen am Ende der Stunde ein und sichern Sie eine schnelle Rückgabe zu. Sonst entgehen Ihnen wichtige Informationen. Sprechen Sie nach der Rückgabe der Bögen keinen Schüler mehr persönlich auf seinen Bogen an, es sei denn, er sucht das Gespräch mit Ihnen.

Meine Familie

Name: _____ Datum: _____

Ich habe _____ Geschwister.

☺ Mein Vater mag an mir _____

☺ Meine Mutter mag an mir _____

☺ Ich mag an meinem Vater _____

☺ Ich mag an meiner Mutter _____

Mein Vater schätzt an seinem Beruf besonders _____

Meine Mutter schätzt an ihrem Beruf besonders _____

Meine Mutter erwartet vor allem von mir, dass ich _____

Mein Vater erwartet vor allem von mir, dass ich _____

In unserer Familie gelten einige Regeln:

1. _____
   _____
2. _____
   _____
3. _____
   _____

Zu Hause bin ich besonders froh, wenn ich _____

☹ Ich ärgere mich, wenn ich _____

☹ Meine Mutter ärgert sich über mich, wenn ich _____

☹ Mein Vater ärgert sich über mich, wenn ich _____

3. Brief an ein Kind in einem anderen Land

Ziel:
Kinder lernen wichtige Aspekte ihrer Persönlichkeit kennen.

Alter:
neun bis ca. vierzehn Jahre

Material:
Papier, Bleistifte, Arbeitsblatt *Brief an ein Kind in einem anderen Land* (S. 65)

Dauer:
45 Minuten; beliebig viele Teilnehmer

Durchführung:
Die Kinder erhalten das Arbeitsblatt *Brief an ein Kind in einem anderen Land*. Jeder stellt sich vor, er würde eine Brieffreundschaft mit einem anderen Kind beginnen. Er darf dem fremden Kind einen Namen geben und auch selbst festlegen, wo (Land, Stadt) dieses Kind lebt.
Jedes Kind liest seinen Brief vor.

Auswertung:
Hat das Schreiben des Briefs Probleme gemacht?
Welcher Satz war am schwierigsten zu ergänzen?
Weiß das Kind jetzt, wie und wer du bist?

Pädagogische Hinweise:
Das Vorlesen der Briefe ist wichtig, da sich die meisten Kinder gern über ihre Briefe austauschen möchten.
Sie mögen es, dass auch andere erfahren, wie sie die Sätze ergänzt haben.
Die einzelnen Ergänzungen sollten aber nicht durch die Lehrkraft kommentierend besprochen werden.

_____, den _____

Liebe/Lieber _____ in _____

Ich heiße _____ und bin _____ Jahre alt.

Ich habe _____ Augen und _____ Haare.

Am liebsten mag ich die Farbe _____ Meine Hobbys sind _____
_____

Ich spiele gern _____

Im Fernsehen gucke ich besonders gern _____

Meine Lieblings-CD heißt _____

Mein Lieblingsbuch heißt _____

Mein Lieblingsessen ist _____

Ich habe _____ Geschwister.

Mein Vater regt sich auf, wenn _____
_____

Meine Mutter freut sich, wenn _____
_____

Meine Mitschüler mögen an mir, dass ich _____
_____

Ich gehe in die _____ Schule, Klasse: _____

Später möchte ich gern einmal _____ werden.

Den nächsten Urlaub würde ich am liebsten in _____ verbringen.

Mich macht wütend, wenn _____
_____

Ich habe Angst, wenn _____
_____

Ich lache, wenn _____
_____

Herzliche Grüße, dein/e _____

4. Mein Wappen

Ziel:
Kinder und Jugendliche erkennen, dass sie unterschiedliche Fähigkeiten und Eigenschaften haben. Sie bemerken ihre eigene Individualität und Persönlichkeit.

Alter:
ab acht Jahren

Material:
Buntstifte, Filzstifte oder Farben, Arbeitsblatt *Mein Wappen* (S. 67)

Dauer:
45 Minuten; beliebig viele Teilnehmer

Durchführung:
Das Wappen hat vier/acht Felder, die von jedem entsprechend der Fragestellung ausgemalt werden.
Es gibt folgende mögliche Fragestellungen:
- Etwas, was du gern machst!
- Etwas, was du nicht gern machst!
- Etwas Besonderes an dir!
- Etwas, was du gut kannst!

Danach werden die Wappen von allen angesehen und jedes Kind berichtet.

Auswertung:
Für welches Feld / welche Felder ist dir sofort eine Zeichnung eingefallen?
Für welches Feld / welche Felder fiel es dir schwer?

Pädagogische Hinweise:
Das Experiment Mein Wappen kann in unterschiedlichen Altersstufen mit jeweils anderen Schwerpunkten gestaltet werden.
Einzelne Teile des Wappens geben Auskunft über beispielsweise die folgenden Themenbereiche: Familie, Tiere, Hobby, Vorlieben, Sport, Freizeitbeschäftigung, Lieblingsfilme, Lieblingsessen, Videospiele, Berufswünsche, Lieblingsdiskotheken, Urlaubsländer, Freunde / Freundinnen, Bücher, Musik, Sehnsüchte, Wünsche, Träume, aber auch Albträume etc.
Als Lehrkraft akzeptiert man die Zeichnungen kommentarlos. Wir fragen nach, hören zu, kommentieren aber nie. Manchmal erwarten Schüler, dass die Lehrkraft auch ein solches Wappen anfertigt. Es zeigt, dass sie sich persönlich für die Aussagen ihrer Lehrkraft interessieren. Man sollte sich einer solchen Übung möglichst nicht verschließen.

5. Stell dir vor, du bist...

Ziel:
Die Schüler denken über sich nach. Entsprechend ihrer Phantasie können sie kreative Vorschläge machen.

Alter:
ab acht Jahren

Material:
Stifte, Arbeitsblatt *Wer bin ich?* (S. 69)

Dauer:
45 Minuten; beliebig viele Teilnehmer

Durchführung:
Die Schüler tragen ihre Antwort in die entsprechenden Kästchen (oder anderes) des Arbeitsblattes ein.
Danach setzen sie sich in den Kreis. Jeder berichtet, was er geschrieben hat.
Man kann aber auch alle Zettel auf einen Stapel in die Mitte des Raumes legen. Jeder Zettel wird vorgelesen und dabei kann geraten werden, um wen es sich handelt.

Auswertung
Welches Kästchen konntest du sofort ausfüllen?
Welches Kästchen bereitete dir Schwierigkeiten?
Welches ist dein Lieblingskästchen?
Hast du andere Zettel erraten?

Pädagogische Hinweise:
Das Spiel macht in jeder Altersstufe sehr viel Spaß. Es lässt viele Deutungen zu. Man sollte die Auswahl der Kinder nicht überbewerten und -interpretieren.

STELL DIR VOR, DU BIST...

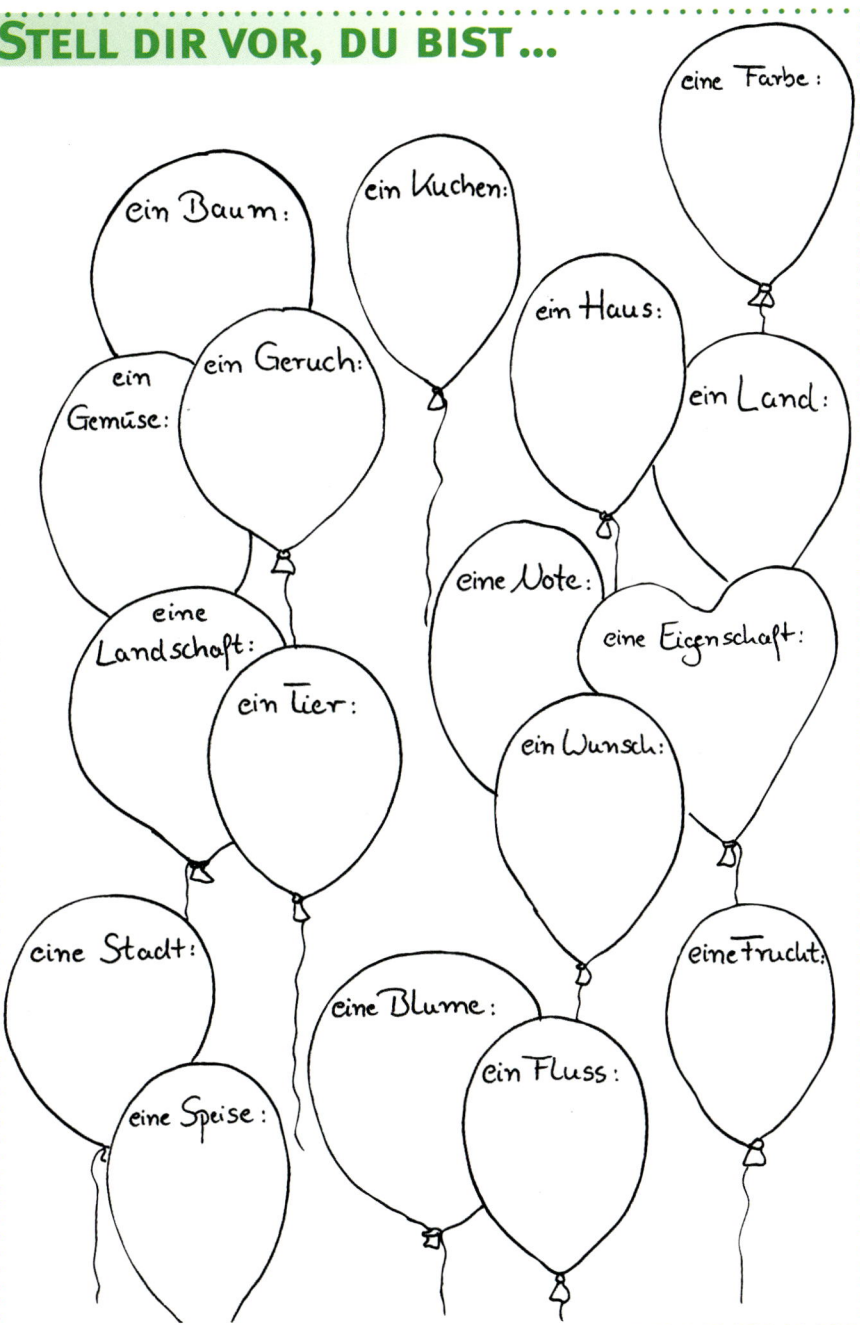

6. Kreuzworträtsel der Namen

Ziel:
Man lernt andere besser kennen und prägt sich ihre Namen ein.

Alter:
ab zehn Jahren

Material:
DIN A4 Blätter oder Pappe (besser), Schnur, Scheren, Filzstifte

Dauer:
30 Minuten; beliebig viele Teilnehmer

Durchführung:
Jeder schreibt seinen Namen (Vornamen, Spitz- oder Nachnamen – je nach Vorliebe) in Großbuchstaben waagerecht auf das DIN-A4-Blatt.
Nach Befestigen einer Schnur hängt man sich das Blatt um den Hals. Es wird auf dem Rücken getragen.
Alle gehen nun im Raum umher und tragen ihren eigenen Namen bei anderen senkrecht oder wieder waagerecht ein, wobei sie Buchstaben aus den Namen der anderen „mitbenutzen", sodass ein kreuzwortähnliches Muster entsteht.

Auswertung:
Wer konnte seinen Namen mit deinem Namen kombinieren?
Bist du mit deinem Kreuzworträtsel zufrieden?

Pädagogische Hinweise:
Das Spiel wird von Schülern wegen seiner vielen Kombinationsmöglichkeiten als sehr kreativ erlebt. Es macht sehr viel Spaß.

7. Kennenlernpuzzle

Ziel:
Die Klasse kommuniziert und kooperiert nonverbal miteinander.

Alter:
ab zehn Jahren

Material:
Briefumschläge, pro Teilnehmer ein Puzzle (Größe DIN A5 – zerschnitten in drei Teile) aus farbigem Papier oder Pappe

Dauer:
15 Minuten; beliebig viele Teilnehmer

Durchführung:
Es werden zunächst Gruppen von je vier bis fünf Mitspielern gebildet.
Bei beispielsweise fünf Mitspielern hat man vor dem Spiel die Teile von fünf verschiedenen Puzzles gemischt und sie zufällig auf fünf Umschläge verteilt. Jedes Gruppenmitglied erhält einen Briefumschlag mit drei beliebigen Puzzleteilen. Da die Puzzleteile zufällig auf die Briefumschläge verteilt wurden, kann keiner allein sein Puzzle zusammensetzen. In der Gruppe versucht nun jeder sein Puzzle zu legen. Dabei darf man nicht miteinander sprechen und sich auch keine Zeichen geben. Keiner darf sich einfach von anderen ein passendes Puzzleteil nehmen. Vielmehr legt man nicht passende Puzzleteile in die Mitte des Tischs. Nur von dort darf man fehlende Puzzleteile nehmen – natürlich stumm.

Variante:
Jede Gruppe bereitet für eine andere die Puzzles vor, mischt sie und überreicht sie dann.

Pädagogische Hinweise:
Das Spiel fördert die Kommunikation unter den Gruppenmitgliedern, obwohl nicht miteinander gesprochen wird. Es entsteht ein starkes „Wir"-Gefühl.
Gruppen, die gut kooperieren, werden schnell ihr Puzzle zusammengesetzt haben.

8. Interview mit Pfiff

Ziel:
Alle lernen sich untereinander besser kennen. Sie erhalten Informationen über persönliche Vorlieben.

Alter:
ab zehn Jahren

Dauer:
45 Minuten; beliebig viele Teilnehmer

Material:
paarweise nummerierte Zettel mit Interviewfragen (jede Interviewfrage ist also doppelt vorhanden und mit der gleichen Zahl versehen), Papier, Stifte (Vorschläge für Interviewfragen: S. 73).

Durchführung:
Jeder zieht einen Zettel und Schüler mit der gleichen Nummer bilden ein Paar. Jeder interviewt den anderen zu der auf dem Zettel stehenden Frage. Bei zwanzig Mitspielern braucht man mindestens zehn Interviewfragen, da jede Frage doppelt vorkommt.
Die Antworten des Interviewpartners werden aufgeschrieben. Nun berichtet jeder, was sein Partner gesagt hat.
Danach werden die Zettel wieder eingesammelt, und man kann erneut ziehen.
Die Interviewfragen sollten der entsprechenden Altersgruppe Rechnung tragen. So können beispielsweise Schüler der Sekundarstufe II auch sehr ernsthafte Diskussionsfragen erhalten.

Auswertung:
Welche Interviewfrage konntest du am leichtesten beantworten?
Welche Interviewfrage fiel dir am schwersten?
Durch welche Interviewfrage hast du besonders viel über andere erfahren?
Was hat dich am meisten interessiert?

Pädagogische Hinweise:
Man kommuniziert miteinander, stellt sich vor den anderen und erfährt vieles über die Ansichten anderer.
Bei Schülern eines der beliebtesten Interaktionsexperimente.

INTERVIEW MIT PFIFF

- Welches Tier würdest du am liebsten sein?
- Welcher Sänger/welche Sängerin oder welche Gruppe gefällt dir zur Zeit am besten und warum?
- Wen und was würdest du auf eine einsame Insel mitnehmen?
- Erzähle eine Situation, in der du total cool warst!
- Was stresst dich besonders?
- Was würdest du mit 10.000 Euro machen?
- Was isst du am liebsten?
- Berichte über eine Situation, in der deine Eltern völlig ausgerastet sind.
- Wie soll dein Ideal-Freund oder deine Ideal-Freundin aussehen?
- Kannst du dich an deinen letzten Traum erinnern?
- Welches war dein Lieblingsspielzeug und wie sah es aus?
- Welches Buch hat dir am besten gefallen und warum?
- Ein guter Freund, eine gute Freundin möchte einen Liebesbrief schreiben. Er/sie bittet dich um Tipps!
- Erzähle eine Situation, in der dir einer/eine deiner Lehrer/Lehrerinnen Stress gemacht hat.
- Was hältst du von Blondinen?
- Was interessiert dich an der BRAVO am meisten?
- Erzähle einen guten Witz (keinen versauten)!
- …

9. Berühmte Leute

Ziel:
Die Schüler kommen in Kontakt und üben Fragen zu stellen. Ihre Kreativität und das laterale Denken werden gefördert.

Alter:
ab zehn Jahren

Material:
Zettel oder Karteikarten, auf denen die Namen berühmter Leute stehen, Klebeband

Dauer:
30 Minuten; beliebig viele Teilnehmer

Durchführung:
Zu Beginn der Übung werden den Schülern Karteikarten oder Zettel auf den Rücken geklebt. Auf jedem dieser Zettel steht der Name einer berühmten Person, welche die Schüler kennen (Marilyn Monroe, die Queen, Kermit der Frosch, aktuelle Popstars etc.).
Jetzt gehen alle durch den Raum. Durch geschickte Ja/Nein-Fragen muss jeder Teilnehmer herausfinden, welche Person er darstellt, bzw. welche Person ihm auf den Rücken geheftet wurde.
Hat jemand die Lösung gefunden, kann er sich wieder an seinen Platz setzen oder den anderen bei ihrer eigenen Lösung weiterhelfen.

Auswertung:
Durch welche Frage bist du auf die Lösung gekommen?
Hattest du eine spezielle Fragetechnik?

Pädagogische Hinweise:
Bei der Durchführung ist zu beachten, dass die Personen den Schülern tatsächlich bekannt sind. Einige besonders witzige Figuren (wie z.B. Kermit der Frosch) lockern die Übung zusätzlich auf.
Dieses Spiel ist auch unter Erwachsenen sehr beliebt. Es wird gerne auf Partys gespielt.

10. Die Eierauffangmaschine

Ziel:
Alle können kreative Vorstellungen entwickeln, sie umsetzen und miteinander kooperieren.

Alter:
ab zehn Jahren (besonders beliebt bei Jugendlichen und Erwachsenen)

Material:
pro Gruppe (drei bis fünf Mitspieler) drei stabile Plakat- oder Fotokartons, Scheren, Tacker, pro Gruppe ein rohes Ei

Dauer:
45 Minuten; beliebige viele Teilnehmer

Durchführung
Die Gruppen erhalten die Anweisung, innerhalb von 30 Minuten eine „Eierauffangmaschine" zu bauen. Dabei werden keinerlei Vorgaben gemacht – außer dass die „Maschine" selbständig stehen muss.
Jede Gruppe erhält drei Kartons, Scheren und Tacker und beginnt mit der Konstruktion. Die Maschine muss ohne Hilfe stehen.
Nach dreißig Minuten wird aus zwei Meter Höhe von einem Mitglied der Gruppe ein rohes Ei in die Maschine fallen gelassen.
Fängt die Maschine das Ei auf, ohne dass es zerbricht, ist die Konstruktion gelungen.
Zerbricht das Ei, ist es auch nicht schlimm, weil alle ihren Spaß haben.

Auswertung:
Wie entstand in der Gruppenarbeit die „Maschine"?
Hast du eigene Ideen eingebracht?
Was ist in deiner Gruppe besonders gut gelungen?

Pädagogische Hinweise:
Bei der Eierauffangmaschine handelt es sich um ein außerordentlich kreatives Spiel, bei dem die Kooperation zwischen den Jugendlichen besonders wichtig ist.
Jeder kann seine Ideen einbringen.
Die meisten Maschinen fangen die Eier erfolgreich auf.
Es passiert allerdings häufig, dass Teilnehmer in der Aufregung das Ei daneben schmeißen. Auch beim Aufputzen oder Wegwischen sind die Gruppen oft sehr ideenreich und immer kooperativ.

Malexperimente

Durchführung

Die hier vorgeschlagenen Malexperimente werden auf die gleiche Art und Weise durchgeführt. Sie sind so ausgewählt, dass die Instruktionen auf alle Malexperimente übertragbar sind.

An den Übungen können beliebig viele Schüler teilnehmen.

Sie brauchen etwas Platz, um zu malen. Von der Technik her empfiehlt es sich, mit Wachskreiden, Filz- oder Buntstiften malen zu lassen.

Manchmal kann es günstig sein, Acrylfarben zu verwenden. Bei Acrylfarben entstehen oft unbeabsichtigt sehr bunte und interessante Bilder. Die Farben glänzen, leuchten kräftig und verlaufen ineinander. Kinder und Jugendliche mit einem geringen Selbstwertgefühl freuen sich bei der Verwendung von Acrylfarben immer über ihre sehr farbfrohen und beeindruckenden Bilder.

Die Teilnehmer sitzen an Tischen. Man sorgt dafür, dass nur die benötigten Materialien auf den Tischen liegen. Danach gibt man die Instruktion langsam vor. Dazu setzen sich alle bequem hin, versuchen die Augen zu schließen und hören zu.

Danach malen die Teilnehmer. Beim Malen soll nicht gesprochen werden. Es hat sich deswegen bewährt, während der Malphase Musik laufen zu lassen. Besonders gut eignen sich hierfür Entspannungskassetten[13] aus unserem Entspannungsprogramm.

Feedback

Die fertigen Bilder können an eine Wand gehängt werden oder man hält sie hoch, während man über sie spricht.

Jetzt beschreibt jeder Zeichner sein Bild. Die Äußerungen der Teilnehmer zu ihrem Gemalten sollten stets nach dem gleichen Schema erfolgen. Man wählt also beim Berichten die Formulierungen: „Ich als Rosenbusch…", „Ich als Baum…" oder „Ich als Tür…" usw. Wer in der dritten Person spricht, wird sofort ermuntert

---

[13] Krowatschek, D.: Entspannung in der Schule, Dortmund: verlag modernes lernen (2005)

in der Ich-Form zu erzählen - statt: „Das ist ein Rosenbusch mit vielen Blättern, wenig Blüten und keinen Wurzeln..." heißt es richtig: „Ich bin ein Rosenbusch mit vielen Blättern, ich habe wenig Blüten und keine Wurzeln..."

Es ist besonders wichtig, immer auf die eigene Person, auf das „Ich" zurückzuführen, weil die Schilderungen sonst distanzierter ausfallen.

Bei älteren Schülern kann man eventuell eine schriftliche Schilderung auf der Rückseite der Zeichnung fordern. Solche schriftlichen Rückmeldungen haben aber nie die gleiche Spontaneität wie mündliche Äußerungen und sind meistens viel kürzer. In den Klassen sieben bis acht – vor allem im Hauptschulbereich – schreibt man nicht gern. Dem sollte man Rechnung tragen.

Alle Äußerungen der Teilnehmer werden wörtlich protokolliert. Dies dauert bei einer großen Schulklasse sehr lange, so dass es sich hier empfiehlt, nicht alle Rückmeldungen in einer Stunde machen zu lassen. Es gibt auch Lehrkräfte, die aufgrund der großen Anzahl in der Klasse auf eine Rückmeldung verzichten und nur ein allgemeines Feedback unter der Fragestellung „Wie war es für dich?" durchführen.

Informativer sind jedoch die Rückmeldungen der Teilnehmer, die sie ausführlich zu ihrem Bild geben. Man protokolliert sie wortwörtlich mit. Vom Schreibtempo her kann man ruhig um kleine Pausen bitten, dies stört in der Regel nicht.

Wenn alle Rückmeldungen aufgeschrieben sind, liest man sie jedem Teilnehmer noch einmal in Ruhe vor. Dabei lässt man sich so viel Zeit als möglich. Die Jugendlichen und Kinder sind immer ganz beeindruckt, wie stark in diesen Experimenten ihre Persönlichkeit zum Ausdruck kommt.

Hat man den gesamten Text vorgelesen, bedankt man sich mit einem empathischen „Danke" bei dem Teilnehmer für das Gesagte.

Damit ist das Experiment beendet. Man kann allenfalls noch eine allgemeine Frage als Abschlussfeedback anhängen: „Wie war es für dich?" Auch hier werden die Rückmeldungen nicht kommentiert.

Rückfragen zu den einzelnen Zeichenexperimenten, Kommentare und Belehrungen erweisen sich in der Regel als deplatziert. Äußerungen wie „Deine Zeichnung ist aber nicht ordentlich angefertigt" oder „Das kann ich gar nicht gut verstehen, was du jetzt sagst" oder „Das ist doch nicht so schlimm..." sollten auf jeden Fall unterlassen werden.

BILD 2 (RECHTS): „Ich als Weihnachtsbaum. Ich bin eine ganz schöne Bescherung, weil ich gar kein Weihnachtsbaum bin. Zu manchen Kindern kommt nämlich der Weihnachtsmann im Panzer." (Andreas, 9 Jahre)

Bild 1 (oben): „Ich als Baum bin groß und stark. Meine Wurzeln reichen tief in die Erde und geben mir Halt. Im Mai, wenn ich blühe, ist das ein wunderschönes Gefühl. Ich wachse und die Blumen auf der Erde mit mir. Wenn die Sonne im Frühling wärmend auf meine Blätter scheint, kommen mich die Vögel besuchen und bauen Nester in mir. Am meisten freue ich mich darüber, wenn mein bester Freund, das Opossum, mich besuchen kommt." (Mara, 12 Jahre)

1. Baum-Phantasie

Ziel:
Förderung der Selbstakzeptanz: Schüler entwickeln Verständnis für den eigenen Entwicklungsweg.

Alter:
ab zehn Jahren

Material:
DIN A4 Blätter, Wachsmalkreiden

Dauer:
45 Minuten; beliebig viele Teilnehmer

Durchführung:
Jeder Schüler erhält ein Blatt und Wachsmalkreiden.
Die Schüler setzen sich entspannt hin. Sie schließen die Augen und versuchen sich einen Baum vorzustellen.
Die Lehrkraft gibt ihnen einen kurzen Text vor, um ihnen die Vorstellung zu erleichtern.

„Schließe bitte die Augen und stelle dir vor, du wärest ein Baum. Was für ein Baum bist du? Bist du klein, bist du groß? Bist du dick, bist du dünn?

Was für Blätter trägst du? Wie sehen die Blätter aus? Welche Farben haben sie? Gibt es auch Blüten?

Wie ist der Stamm? Wie sehen deine Äste aus?

Hast du Wurzeln? Vielleicht keine? Sind sie lang, gerade oder gekrümmt? Reichen sie tief hinab?

Wo befindest du dich? Im Wald? Auf einer Wiese? In einem Garten? In der Stadt? Auf dem Land?

Was ist um dich herum? Gibt es andere Bäume oder bist du allein? Wohnt jemand im Baum?

Wie ist das Wetter?

Wie fühlst du dich als Baum?

Mach dir keine Sorgen wegen deines Bildes. Im Anschluss kannst du es mir erklären."

Pädagogische Hinweise:
Die allgemeinen Durchführungshinweise sollten auf jeden Fall beachtet werden.
Die Bilder können in der Klasse ausgestellt werden.

Bei Schülern, die etwas Probleme mit dem Zeichnen haben, empfiehlt es sich, mit Acrylfarben zu arbeiten. Es entstehen hierdurch auf jeden Fall sehr interessante Bilder. Schon vor vielen Jahren hat Violet Oaklander mit Autolackfarben gearbeitet, wenn sie erreichen wollte, dass Kinder mit graphomotorischen Problemen beeindruckende Bilder produzieren.

2. Boot im Sturm

Ziel:
Die Schüler erfahren in dem Experiment, dass man auch schwierige Situationen meistern kann. Es fördert die Selbstakzeptanz.

Alter:
ab zehn Jahren

Material:
DIN A4 Blätter, Wachsmalkreiden

Dauer:
60 Minuten; beliebig viele Teilnehmer

Durchführung:
Jeder erhält ein Blatt und Wachsmalkreiden. Die Schüler setzen sich so wie bei einer Entspannungsübung hin. Sie schließen die Augen und versuchen sich das vorzustellen, was ihnen vorgelesen wird:

> „Du setzt dich ruhig hin, schließt die Augen, atmest tief ein und aus. Langsam merkst du, dass du ruhiger wirst. Die Augen fallen langsam zu.
>
> Du stellst dir vor, du seist ein Boot im Sturm.
>
> Um dich herum wütet ein furchtbarer Sturm. Der Regen peitscht über dich hinweg. Der Wind fegt über das Boot. Hohe Wellen schlagen über dir zusammen. (Hier kann ein Unwetter auf See detailliert beschrieben werden.)
>
> Aber du als Boot hältst dem Unwetter stand. Und sind die Wellen auch noch so hoch, der Wind so stark wie ein Orkan – du als Boot gehst nicht unter.
>
> Du trotzt dem Sturm. Es kostet dich viel Kraft, aber du bist so stark, dass Wind und Wellen dir nichts anhaben können. Du stampfst als Boot durch die hohen Wellen mit der Gewissheit, dass dir selbst ein solches Unwetter nichts anhaben kann.
>
> Und wenn du dir jetzt dieses Bild vorstellen kannst, öffnest du die Augen und beginnst zu malen."

Jeder beschreibt sich als Boot im Sturm („Ich bin ein Boot im Sturm…"). Die Lehrkraft protokolliert alle Aussagen wörtlich mit und fragt unter Umständen nach.

Wenn alle berichtet haben, wird als Feedback die Äußerung eines jeden Schülers zurückzugeben. Zum Beispiel: „Susanne, du hast gesagt: Ich bin ein Boot im Sturm und fahre… etc."

Man bedankt sich bei jedem mit einem deutlichen „Danke", hält Blickkontakt und versucht, in der Situation Empathie zu vermitteln.

Auswertung:
Wie ist es deinem Boot im Sturm ergangen?
Hast du in diesem Experiment etwas über dich erfahren?

Pädagogische Hinweise:
Jugendliche lassen sich gern auf dieses Experiment ein.
Keinesfalls darf die Phantasie so gestaltet werden, dass Boot und Besatzung untergehen. Schüler können problemlos die Beschreibung des Bildes auf ihre persönliche Situation übertragen. Ein sehr wichtiges und beeindruckendes Experiment.

Boot im Sturm: „Ich als Boot im Sturm. Ich bin ein kleines Boot mit einem kleinen Segel. Ich treibe mit dem Sturm. Eigentlich wollte ich Fische fangen. Ich fühle mich einsam, allein, habe Angst. Aber zum Glück bin ich sicher ans andere Ufer gekommen." (Tobias, 11 Jahre)

3. Die Rosenbuschphantasie

Ziel:
Die Schüler arbeiten mit der Metapher des Rosenbusches und setzen sich auf der Gefühlsebene mit der eigenen Persönlichkeit auseinander.

Alter:
ab acht Jahren

Material:
Papier, Wachsmalkreide

Dauer:
60 Minuten; beliebig viele Teilnehmer

Durchführung:
Jeder erhält ein Blatt und Wachsmalkreide. Alle setzen sich entspannt hin. Sie schließen die Augen und versuchen sich das vorzustellen, was ihnen vorgelesen wird:

> „Schließe bitte die Augen und stelle dir vor, du wärest ein Rosenbusch.
>
> Was für ein Rosenbusch bist du? Bist du klein, bist du groß? Bist du dick, bist du dünn?
>
> Trägst du Blüten? Wie sehen die Blüten aus? Welche Farbe haben deine Blüten? Trägst du viele oder nur wenige oder gar keine Blüten? Stehst du in voller Blüte oder hast du nur Knospen? Hast du Blätter? Wie sehen sie aus?
>
> Wie ist der Stamm? Wie sehen deine Äste aus? Hast du Wurzeln? Vielleicht keine? Sind sie lang, gerade oder gekrümmt? Reichen sie tief hinab?
>
> Hast du Dornen?
>
> Wo befindest du dich? In einem Garten? In der Wüste? In der Stadt? Auf dem Land? Mitten im Meer? Wächst du in einem Topf? Im Boden oder durch Zement? Oder vielleicht irgendwo in einem Haus?
>
> Was ist um dich herum? Gibt es andere Blumen oder bist du allein? Gibt es auch Bäume, Menschen, Tiere, Vögel?
>
> Siehst du wie ein Rosenbusch oder wie etwas anderes aus?
>
> Kümmert sich jemand um dich?
>
> Wie ist das Wetter?
>
> Wie fühlst du dich als Rosenbusch?
>
> Mache dir keine Sorgen wegen deines Bildes. Im Anschluss kannst du es mir ja erklären."

Jeder beschreibt nach dem Zeichnen sein Bild in der Ich-Form („*Ich als Rosenbusch habe viele Blätter. Ich stehe…*").
Die Lehrkraft protokolliert alle Aussagen wörtlich mit und fragt unter Umständen nach.
Wenn alle Schüler berichtet haben, wird als Feedback die Äußerung eines jeden zurückgegeben („*Thomas, du als Rosenbusch hast gesagt: Ich als Rosenbusch habe viele Blätter. Ich stehe…*").
Man bedankt sich bei jedem Kind empathisch mit einem deutlichen „Danke" für das Berichtete und hält Blickkontakt.

Auswertung:
Was ist an deinem Rosenbusch Besonderes?
Was ist dir sofort eingefallen, als du dir einen Rosenbusch vorgestellt hast?
Gibt es andere Rosenbüsche, die dir besonders gut gefallen?
Hast du bei diesem Experiment etwas über dich selbst erfahren?

Pädagogische Hinweise:
Die *Rosenbusch-Phantasie* gehört zu den beliebtesten Malexperimenten.
Sie wird von Kindern als auch Jugendlichen gern gezeichnet.
Selbst Vorklassenkinder haben hier schon Vorstellungen, auch wenn sie noch keine Rose oder einen Rosenbusch zeichnen können. Sie helfen sich auf ihre Weise.

ROSENBUSCH-PHANTASIE:
„Ich als Rosenbusch stehe auf einer Fensterbank, die Sonne strahlt mich an und ich bin in einem stabilen Blumentopf eingepflanzt. Meine Blüten sind groß und schön. Ich ranke mich an einem Gitter nach oben. Draußen scheint die Sonne."
(Holger, 30 Jahre, Junkie nach einer erfolgreichen Therapie in einer Einrichtung)

4. Joharis Fenster

Ziel:
Die Schüler lernen über das Zeichnen sich selbst besser kennen. Sie erleben verschiedene Facetten an sich selbst und sollen erfahren, dass es ganz unterschiedliche Bereiche ihrer Persönlichkeit gibt.

Alter:
ab zehn Jahren

Material:
Papier und Bleistifte, Arbeitsblatt *Joharis Fenster* (S. 86)

Dauer:
60 Minuten, beliebig viele Teilnehmer

Durchführung:
Joharis Fenster wurden von zwei Amerikanern mit den Vornamen Joe und Harry erdacht.
Jeder Schüler erhält das Arbeitsblatt und füllt es aus. Dabei schreibt jeder mehrere Beispiele in die einzelnen Fensterscheiben. Die einzelnen Fenster können verziert werden. Sie werden vorgelesen, erläutert und ausgestellt.

Joharis Fenster:
- Dinge, die andere über mich wissen, z.B. meinen Namen, meine Haar- und Augenfarbe, meine Hobbys etc.
- Dinge, die ich kenne, aber andere nicht über mich wissen, z.B. einen meiner geheimen Wünsche etc.
- Dinge, die andere über mich wissen, ich selbst aber nicht, z.B. wie ich von rückwärts aussehe etc.
- Dinge, die niemand über mich wissen kann, z.B. mein Leben in zehn Jahren etc.

Auswertung:
Wie war die Übung für dich?
Konntest du etwas über dich erfahren?
Wie fühlst du dich jetzt?

Pädagogische Hinweise
Joharis Fenster ist ein spannendes Experiment. Es setzt allerdings voraus, dass die Schüler bereit sind, über die gemachten Aussagen zu berichten, nachzudenken und evtl. zu diskutieren.
Auch die Lehrkraft sollte ein Fenster ausfüllen.

Zeichenvorlage Joharis Fenster (oben)

Joharis Fenster (Bild rechts): 1. Über mich weiß jeder, dass ich eine Familie habe. Das zweite Kind ist zwar erst unterwegs, aber ich habe es schon einmal hingezeichnet. **2.** Die anderen wissen nicht – oder nur wenige wissen es –, dass ich nach meinem Studium gerne in eine wärmere Region ziehen möchte. **3.** Meinen Rücken kennen die anderen viel besser als ich. **4.** Ob ich in 45 Jahren immer noch so jung und agil bin wie jetzt, weiß ich nicht – und das wissen die anderen auch nicht von mir. (Atila, 32 Jahre, FOS Sozialpädagogik)

Arbeitsblatt: *Joharis Fenster*

Atila 12 Fos

Vorname, Name — Klasse

5. Meine Tür

Ziel :
Im Rahmen des Experimentes nehmen Schüler bei sich selbst wahr, ob andere leicht oder schwer mit ihnen in Kontakt treten können. Sie denken darüber nach, wer zu welchen Bedingungen durch „ihre Tür" eintreten darf und wie es hinter „ihrer Tür" aussieht.

Alter:
ab zehn Jahren

Material:
Papier, Wachsmalkreiden

Dauer:
60 Minuten; beliebig viele Teilnehmer

Durchführung
Die Schüler stellen sich vor, dass es unterschiedliche Typen von Türen gibt.
Jeder malt nun seine eigene Tür, durch die ein Freund oder eine Freundin treten muss, um zu dem Teilnehmer selbst zu gelangen.
Es ist für die Schüler einfacher, wenn man die Aufgabe zusätzlich etwas präzisiert und eine genaue Instruktion vorgibt:

> „Stell dir vor, du bist eine Tür, durch die eine Freundin oder ein Freund gehen muss, wenn sie/er zu dir will.
>
> Was für eine Tür ist es? Eine breite? Eine schmale? Für wen ist sie offen, für wen geschlossen? Hat sie eine Klinke, einen Türrahmen? Wie sieht der Türrahmen aus? Ist die Tür verziert? Steht etwas an der Tür? Wie sieht es hinter der Tür aus? usw."

Nach dem Zeichnen stellen alle Schüler ihre eigenen Türen vor und erläutern sie.

Auswertung:
Bist du mit deiner Tür zufrieden?
Wer darf bei dir eintreten?
Wer muss draußen warten?
Welche anderen Türen haben dir besonders gut gefallen?

Pädagogische Hinweise:
Das Malen der Türen ist bei Schülern ein sehr beliebtes Experiment, das für die Lehrkraft außerordentlich aufschlussreich sein kann. Dabei ist es besonders wichtig, dass jeder die Möglichkeit erhält, seine Tür zu beschreiben. Das Experiment ist einfach durchzuführen.

Meine Tür: Auf meiner Tür ist ein Fragezeichen drauf. Es wechselt, wer durch meine Tür durchdarf. An dem einen Tag dürfen die guten Kinder rein, an dem anderen Tag die bösen Kinder. Es wechselt, weil Kinder an manchen Tagen gut und an anderen böse sind. *Gibt es einen Grund, warum das Fragezeichen auf deiner Tür ist?* Ja, weil man nicht weiß, warum Kinder mal böse und mal lieb sind. *Was ist hinter deiner Tür?* Zwei Räume. Ein Raum für die guten Kinder – mit vielen Computern und Palmen. Der zweite Raum ist für die Kinder, die gut werden wollen. Er sieht fast so aus wie der erste Raum. Sofa, Tisch, Stühle. Er hat aber nur einen Computer und keine Palme. *Ist schon einmal eine ganz besondere Person durch deine Tür gegangen?* Mein Freund Torsten, der ist zwei Monate älter als ich. (Benny, 10 Jahre)

6. Meine Wut

Ziel:
In dem Experiment erfolgt eine intensive Beschäftigung mit dem Gefühl Wut. Für Schüler, die zu aggressivem Verhalten neigen, hat es eine besondere Bedeutung. Es wird auch erlebt, wie positiv es ist, Wut zuzulassen.

Alter:
ab zehn Jahren

Material:
Papier, Wachsmalkreiden (evtl. Acrylfarben)

Dauer:
30 Minuten; beliebig viele Teilnehmer

Durchführung
Gemeinsam wird kurz besprochen, woran man erkennen kann, dass ein Mensch wütend ist (z.B. er läuft im Gesicht rot an, er ballt die Hände zur Faust, sein Herz schlägt schneller usw.)
Jeder überlegt nun, wie die eigene Wut aussieht.
Vielleicht stellt man sich eine Situation vor, in der man sehr wütend war, um zu ermitteln, welche Farbe, Form usw. am besten zur eigenen Wut passt.
Nach dem Zeichnen stellt jeder Schüler sein Bild vor und erläutert es. Er vervollständigt dabei den Satz: „Meine Wut ist wie …!"

Auswertung:
Wie hast du deine Wut gezeichnet?
Welche Farbe passt besonders gut zu deiner Wut?
Wie merken andere, dass du wütend bist?
Gibt es Situationen, in denen du besonders wütend bist?

Pädagogische Hinweise:
Es empfiehlt sich, die Bilder mit Acrylfarben zu malen.
Ein Teil der Schüler ist der Auffassung, dass sie nicht gut zeichnen können, weil sie hier Probleme haben und schon oft im Kunstunterricht Misserfolge hinnehmen mussten.
Arbeiten sie nun mit Acrylfarben, können sie feststellen, dass sie tolle Bilder produzieren. Diese Farben sind besonders intensiv und verlaufen schlierenartig auf dem Papier. Dadurch entsteht immer – wenn auch unbeabsichtigt – ein interessantes Bild.

Meine Wut: „Meine Wut ist wie Feuer" (Christian, 8 Jahre)

- Eine Prise Theorie
- Stolpersteine
- Die ersten Wochen
- **Das Klassenklima**
- Bewährtes und Neues

„Wie schaffe ich ein angenehmes Klassenklima, in dem der Unterricht Spaß macht, Schüler mitarbeiten, kooperieren, sich engagieren und wohl fühlen?"

Diese Frage beschäftigt nahezu alle Lehrkräfte.

Die Frage des Klassenklimas bezieht sich für manche auf die Ausstattung des Raumes, für andere auf das Verhältnis der Schüler untereinander, aber auch für viele auf die Interaktion zwischen Lehrkraft und Schülern. Alle drei Ansätze zusammen scheinen sinnvoll und doch hat jeder einzelne seine Berechtigung, weil im Schulalltag die eine oder andere Problemlage in den Vordergrund treten kann.

Es ist sicher günstig, immer wieder zu überprüfen, ob die Atmosphäre in der Klasse noch stimmt.

Als Einstieg und für den regelmäßigen Einsatz empfiehlt sich der Fragebogen *Ich und meine Klasse*.

Fragebogen „Ich und meine Klasse"

Der Fragebogen ist ökonomisch einsetzbar und lässt sich gut zwischendurch oder am Ende einer Stunde beantworten. Zehn Minuten Zeit reichen in der Regel für die Bearbeitung völlig aus.

Er setzt aber voraus, dass Schüler damit vertraut sind, Rückmeldungen/Feedbacks zu geben.

Sinnvoll ist es, die Schüler vor Einsatz eines Fragebogens allmählich an Feedbackübungen heranzuführen.

Der Fragebogen erfasst zwei wichtige Bereiche:

Zum einen die Befindlichkeit der Schüler *(Ich fühle mich in unserer Klasse sehr wohl. Ich gehe gern zur Schule etc.)*.

Zum anderen ermittelt er, wie die Lehrkraft von der Klasse wahrgenommen wird *(Ich habe guten Kontakt zu meiner Lehrkraft. Meine Lehrkraft weiß, wie ich lebe usw.)*.

Beide Bereiche hängen stark mit dem Klassenklima zusammen.

Ich und meine Klasse

Aussage	stimme voll zu	stimme zu	stimme eher zu	teils/teils	stimme eher nicht zu	stimme nicht zu	stimme gar nicht zu
	3	2	1	0	-1	-2	-3
1. Ich fühle mich in der Klasse sehr wohl.							
2. Ich habe guten Kontakt zu meiner Lehrkraft.							
3. Meine Lehrkraft weiß, wie ich lebe.							
4. Meine Lehrkraft ist ein guter Fachlehrer.							
5. Meine Lehrkraft kann gut mit Problemen umgehen.							
6. Ich gehe gern zur Schule.							
7. Was ich in der Schule erlebe, erzähle ich auch zu Hause.							
8. Ich habe gute Freunde in der Klasse.							
9. Ich bin in der Klassengemeinschaft ein wichtiges Mitglied.							
10. Die Lehrkräfte dieser Schule geben sich mit Kindern sehr viel Mühe.							
11. Im nächsten Jahr möchte ich von derselben Lehrkraft unterrichtet werden.							
12. Wenn ich Hilfe benötige, kann ich mich an meine Lehrkraft wenden.							
13. Ich spreche gern mit meiner Lehrkraft.							
14. Meine Lehrkraft kann sich in der Klasse durchsetzen.							
15. Meine Lehrkraft hat immer Zeit, um mir Hilfestellung zu geben.							
16. Wenn ich etwas nicht verstehe, kann ich ihn fragen.							
17. Meine Lehrkraft ist **kein** Schwätzer.							
18. Ich bin stolz darauf, gerade in dieser Klasse zu sein.							
19. Die Regeln in unserer Klasse sind einfach zu verstehen.							
20. Man muss uns kaum an die Klassenregeln erinnern.							

Durchführung

Für die Durchführung benötigt man:

- Kopien des Fragebogens in Klassenstärke,
- Stifte,
- ca. zehn Minuten Zeit.

Die Durchführung kann folgendermaßen erläutert werden:

> „Du hast gerade einen Fragebogen von mir bekommen. Mit diesem Fragebogen hast du die Möglichkeit mir zu sagen, was du über unsere Klasse und mich als Lehrer(in) denkst. Es geht mir um deine eigene Meinung. Es gibt also keine richtigen und falschen Antworten. Du kannst auch ganz beruhigt ankreuzen, was du wirklich meinst. Der Fragebogen ist absolut anonym. Ich weiß also nicht, wer welchen Bogen ausgefüllt hat.
>
> Wenn du dir den Bogen anschaust, dann siehst du, dass links zwanzig Aussagen stehen.
>
> Jeder dieser Aussagen kannst du entweder zustimmen oder sie ablehnen. Dazu dienen die freien Felder neben den Aussagen. Hier kreuzt du an, je nachdem, wie stark du der Aussage zustimmst oder wie stark du sie ablehnst."

Für viele Schüler scheint es wichtig zu sein, den Bogen anonym abzugeben. Man kann sie auf einem Stapel sammeln oder im Lehrerzimmer abgeben lassen.

Sie haben die Vermutung, die Lehrkraft erwarte bestimmte Antworten. Deshalb ist der Hinweis darauf wichtig, dass es keine richtigen und falschen Antworten gibt.

Auswertung

Variante eins:

Die einfachste Art der Auswertung besteht darin, die Kreuze aller Schüler in einen unausgefüllten Bogen zu übertragen: Jedes Kreuz eines Schülers wird mit einem Strich in dem entsprechenden Kästchen markiert.

Aussage	3	2	1	0	-1	-2	-3
1. Ich fühle mich in der Klasse sehr wohl.	ЖЖЖII	ЖII	I	II		II	I

Meist reicht diese Form der Auswertung völlig aus. Man erkennt leicht, wie die Antworten der Schüler verteilt sind, ob relativ ähnlich geantwortet wird oder die Einschätzungen der Schüler sehr verschieden sind. Ergeben sich Klumpen, d.h. häufen sich die Striche in einem oder maximal zwei nebeneinander liegenden Kästchen, so hat der überwiegende Teil der Klasse bei dieser Frage die gleiche oder eine ähnliche Antwort gewählt.

Wenn einzelne Schüler ganz anderer Meinung sind als der Rest der Klasse, wird dies leicht deutlich. Dann sind oft an den Extrempositionen nur einzelne Striche.

Variante zwei:

Um die Antworten zu verschiedenen Fragen zu vergleichen und die Ergebnisse übersichtlicher zu gestalten, kann man Mittelwerte pro Frage berechnen. Diese geben Aufschluss darüber, mit welcher Tendenz die Schüler bei einer Aussage geantwortet haben.

Beispiel:

Bei der Aussage: *„Ich fühle mich in unserer Klasse sehr wohl."* haben dreizehn Schüler die 3 angekreuzt, fünf Schüler die 2 und zwei Schüler die (-2).

1. Um den Mittelwert dieser Frage zu errechnen, multipliziert man zunächst den Zahlenwert eines Kästchens mit der Anzahl von Schülern, die dort ihr Kreuz gesetzt haben. Wenn dreizehn Schüler die 3 (*„stimme voll zu"*) angekreuzt haben, rechnet man also: $13 \cdot 3 = 39$. Gleiches gilt für die anderen gewählten Kästchen: $5 \cdot 2 = 10$ und $2 \cdot (-2) = -4$.

2. Danach werden die Summen pro Kästchen addiert: $39 + 10 + (-4) = 45$. Man erhält die *Summe über alle Kästchen*. Je höher dieser Wert ist, desto mehr Schüler haben sich zu der Aussage positiv geäußert, d.h. ihr Kreuz weit links in Richtung Zustimmung gesetzt.

3. Der Mittelwert errechnet sich nun aus dieser *Summe über alle Kästchen*, die durch die Anzahl der Schüler geteilt wird:

   $$\frac{\text{Summe über alle Kästchen}}{\text{Anzahl der Schüler}} = \text{Mittelwert}$$

   Im Beispiel sind 20 Schüler in der Klasse. Man rechnet also $45 : 20 = 2{,}25$

4. Die Klasse stimmt der Aussage im Schnitt mit 2,25 zu. Der weitaus größere Teil fühlt sich demnach in der Klasse wohl.

Variante drei:

Der *Gesamtmittelwert* gibt darüber Aufschluss, wie die Schüler alle Fragen im Mittel beantwortet haben, d.h. ob sie den Aussagen des Fragebogens eher zustimmen konnten oder nicht. Er gibt einen guten Einblick in das allgemeine Klassenklima.

Um den Gesamtwert zu errechnen, bildet man die Summe der Mittelwerte aller Aussagen und teilt diese durch die Anzahl der Fragen:

$$\frac{\text{Mittelwert von Aussage 1} + \text{Mittelwert von Aussage 2} + \ldots}{\text{Anzahl der Fragen (20)}} = \text{Gesamtmittelwert}$$

Ein hoher Wert entspricht positiven Antworten, d.h. der überwiegende Teil der Klasse hat den Aussagen zugestimmt und das Klima ist in Ordnung. Ein geringer Wert deutet auf Schwierigkeiten hin, da viele Schüler den Aussagen nicht zustimmen konnten.

Als Grenzwert gilt: 1,0. Liegt der Gesamtwert darüber, ist das Klima in Ordnung. Liegt er darunter, sollte etwas unternommen werden.

Entsprechend können die *Zufriedenheit mit der Klasse/Schule* (Aussagen 1., 6., 7., 8., 9., 10., 18., 19., 20.) und die *Zufriedenheit mit der Lehrkraft* (Aussagen 2., 3., 4., 5., 11., 12., 13., 14., 15., 16., 17.) getrennt betrachtet werden.

Die Auswertungen im Vergleich

- Die erste Variante hat den Vorteil, dass sie sehr schnell durchzuführen ist und die tatsächlichen Daten wiedergibt.
- Die zweite Auswertungsmöglichkeit strukturiert die Antworten und lässt Vergleiche einzelner Fragen zu.
- Die dritte Möglichkeit fasst die Antworten der Schüler zusammen und ermöglicht es, auf einen Blick eine Einschätzung des allgemeinen Klimas in der Klasse zu treffen.
- Achtung: Extremwerte beachten! Einzelne abweichende Antworten verschwinden leicht in der Durchschnittsbetrachtung.

Besprechung der Fragebögen

Die Ergebnisse der Fragebogenauswertung sollten in jedem Fall der Klasse mitgeteilt und mit ihr besprochen werden. Besonders anschaulich werden die Ergebnisse der Klasse präsentiert, wenn man den Fragebogen vergrößert und, wie bei der Variante eins beschrieben, die Verteilung der Antworten darstellt.

Der Fragebogen kann der Einstieg in eine konstruktive Diskussion über das Miteinander in der Klasse sei.

- Spiegeln die Ergebnisse ein negatives Klassenklima wider, muss über diese Unzufriedenheit gesprochen werden. Gemeinsam überlegt man, welche Veränderungen man sich wünscht und wie diese umgesetzt werden können. Ebenso wird überlegt, was vielleicht schon funktioniert und so bleiben kann.
- Für die Schüler ist es auch eine wichtige Information, wenn die meisten mit dem Klassenklima zufrieden sind. Es lohnt sich dann, darüber zu sprechen, wie die Klasse das geschafft hat und was zu einem positiven Ergebnis beigetragen hat. Es wird überlegt, welche Veränderungen noch wünschenswert wären.
- Die Lehrkraft sollte es unbedingt ansprechen, wenn die Befragung gezeigt hat, dass einzelne Schüler sich in der Klasse nicht wohl fühlen. Oft ist dies den meisten in der Klasse nicht bekannt. Gemeinsam wird überlegt, ob und wie man dies ändern kann. Hierbei sollte man versuchen allgemein zu sprechen und nicht mutmaßen, um wen es sich handelt.
- Die Lehrkraft beschreibt aus ihrer Sicht die Ergebnisse und welche Schlussfolgerungen sie für sich aus den Fragebogenergebnissen zieht.

Die Sitzordnung

Wie Tische und Stühle in einem Klassenraum angeordnet sind, hat oft Auswirkungen auf das Verhalten und die Unruhe einer Klasse.

Heute bevorzugt die Mehrzahl der Lehrkräfte eine Sitzordnung, bei der Schüler sich gegenseitig sehen können. Sie sitzen im Kreis, in U-Form oder in ähnlichen Formationen. In manchen Klassen wird die Anordnung von Gruppentischen, die über den Klassenraum verteilt sind, bevorzugt. Unüblich ist das Sitzen in Reihen hintereinander. Alle Anordnungen der Tische haben ihr Plus und ihr Minus.

Bei unruhigen Klassen, in denen sehr viel gestört wird, können die U-Form und auch das Sitzen in Tischgruppen sich als katastrophal erweisen. Wenn die Schüler das Arbeiten an Gruppentischen nicht gewöhnt sind, fällt es manchen schwer, sich zu konzentrieren und sie lenken sich gegenseitig ab. Die Gruppenarbeit überfordert sie völlig.

Um Disziplin in einer sehr unruhigen und schwierigen Klasse herbeizuführen, kann es zunächst notwendig sein, eine etwas rigidere Sitzordnung einzusetzen.

Untersuchungen haben gezeigt, dass die günstigste Sitzordnung für unruhigere Schüler ist, wenn sie an Zweiertischen hintereinander sitzen, dazwischen ein Gang und der Abstand zwischen den Tischen so groß ist, dass man sich nicht auf den Tisch des Hintermannes beugen kann. Bei dieser Sitzordnung handelt es sich natürlich um die rigideste, die man sich vorstellen kann. Manchmal aber kann es in einer Klasse günstig sein, dies anfangs zu praktizieren, um überhaupt erst einmal Ruhe in die Klasse zu bekommen. Anfangs ist es von außerordentlicher Wichtigkeit, dass undisziplinierte Schüler lernen, „wo die Musik spielt". Und das ist in der Regel dort, von wo die Lehrkraft unterrichtet. Sie werden also dahingehend trainiert, dass sie Aufforderungen, Anweisungen und Kommentare der Lehrkraft wahrnehmen und befolgen.

Diese Sitzordnung garantiert, dass alle Schüler die Lehrkraft und nahezu nur diese sehen und umgekehrt. Eine solche Anordnung der Arbeitstische sollte allerdings nicht zum Dauerzustand werden, aber als kurzfristige Maßnahme hat sie sich extrem gut bewährt. Allerdings macht diese Sitzordnung eine Kooperation oder das Arbeiten im Team in der Gruppe unmöglich. Von daher kann das Sitzen in Reihen nur eine vorläufige Lösung sein, um einen niedrigen Geräuschpegel einzuüben.

Je selbstständiger die Schüler einer Klasse bereits arbeiten können, desto flexibler kann die Sitzordnung gestaltet werden. Ist die Klasse geübt in der Wochenplanarbeit oder Gruppenarbeit, hat dies oft zur Folge, dass der Geräuschpegel in der Klasse wieder ansteigt. Einzelne Kinder fühlen sich dadurch gestört. Für sie kann das Angebot gemacht werden, in Ruhe an einem Tisch im Flur vor der Klasse zu arbeiten.

> In einer Klasse 10 einer beruflichen Fachschule ist undiszipliniertes Verhalten an der Tagesordnung. Man spricht untereinander, wirft sich Zettel, Flaschen und Süßigkeiten zu. Die Schüler öffnen das Fenster und brüllen etwas heraus. Sie verlassen den Klassenraum während des Unterrichts oder gehen, bevor die Stunde überhaupt zu Ende ist.
>
> Die Schüler sitzen in langen Reihen mit jeweils acht Schülern nebeneinander. Der Abstand zwischen den Achter-Reihen ist sehr gering. Die Sechzehnjährigen drehen sich mit ihrem Stuhl herum und nehmen Kontakt zum Hintermann auf. Dabei unterhält man sich. In der dritten und letzten Reihe ist die Stimme der Lehrkraft kaum noch zu verstehen. Hier ist es unmöglich, dem Unterricht zu folgen. Die Störungen hängen in dieser Klasse deutlich mit der ungünstigen Sitzordnung zusammen.

Manchmal erweist es sich zusätzlich als notwendig, für bestimmte Schüler einen Einzeltisch vorzusehen. Unruhige und unordentliche Kinder haben oft Probleme an Zweiertischen, weil der ihnen zur Verfügung stehende Platz nicht ausreicht. Hier hat es sich bewährt, diese Kinder allein zu setzen. Sie wollen es auch oft selbst.

Wenn sie dann anfangen, mit anderen zusammenarbeiten zu können, ohne dass es größere Probleme gibt, wird jede Lehrkraft diese Versuche gestatten bzw. positiv bekräftigen.

> Vor einigen Jahren hatte ich in meiner eigenen Klasse 5 einen extrem hyperaktiven Jungen. Ich habe bei Übernahme der Klasse überlegt, wohin ich ihn setzen kann.
>
> Die Klasse hatte beschlossen, sich in U-Form zu setzen. Ich stimmte diesem Vorschlag zu, weil ich wusste, dass die Kinder in dieser Sitzordnung gut mitarbeiten: Sie sehen sich, können auf die Beiträge der anderen reagieren und haben freies Blickfeld auf die Tafel.
>
> Für Yannik einen geeigneten Platz zu finden, gestaltete sich jedoch als außerordentlich schwierig. Man konnte ihn nicht in das U setzen, weil er dann immer zwei Nachbarn hatte. An die Enden des U erwies sich ebenfalls als unmöglich, weil er dann von den Lehrkräften nicht richtig wahrgenommen wurde: Er saß im Augenwinkel.
>
> Nach langer Überlegung habe ich dann zu ihm gesagt: „Du setzt dich bitte an einen Einzeltisch. Und wir setzen den Tisch in die Mitte des U. Du hältst bitte einen Abstand von zwei Metern zum Lehrerpult ein, denn wenn du direkt am Lehrerpult sitzt, befürchte ich, dass du auch mich sehr stark ablenkst, weil ich mich dann zu stark auf das konzentriere, was du gerade machst. Aber im Abstand von zwei Metern ist das für dich die richtige Distanz, du kannst mich gut sehen, verstehst mich gut und kannst dich auch gut in den Unterricht einbringen."
>
> Yannik fand die Idee hervorragend. Schon in der ersten Stunde konnte ich feststellen, dass er tatsächlich einen gesamten Tisch brauchte, weil er weit unordentlicher war als die anderen Kinder.
>
> Auch der Abstand zum Lehrerpult war in Ordnung, er konnte alles sehen und konnte sich gut beteiligen.
>
> Wenn Gruppenarbeit gemacht wurde, rückte er an den Rand und machte dann bei der entsprechenden Gruppe mit. Auf diese Art und Weise trainierte er im ersten halben Jahr, auf die Lehrkraft zu hören, ihre Anweisungen zu befolgen und sich mündlich im Unterricht gut zu beteiligen. Ein bisschen eingeschränkt war die Kommunikation mit anderen Schülern. Aber auf diese Weise konnte erreicht werden, dass er bereits nach einem halben Jahr auch in dem U saß ohne zu stören und ohne dass er mehr als einen Platz für seine Sachen benötigte.

Fazit

Es gibt in der Schulklasse Situationen, die eine Sitzordnung erfordern, die auf den ersten Blick nicht sehr „pädagogisch" aussieht. Lehrkräfte haben manchmal hier unberechtigte Skrupel:

- Ich helfe einem unkonzentrierten, vergesslichen und unordentlichen Kind/Jugendlichen, wenn ich ihm mit Hilfestellung zunächst einen Einzeltisch zur Verfügung stelle, damit es/er genügend Platz hat, sich zu organisieren, zu konzentrieren und strukturieren. Wenn es dann besser geht, erfolgt selbstverständlich der Wechsel an einen Gruppentisch.
- Unruhige und schwer zu strukturierende Klassen gewöhnen sich besser an Regeln, wenn ihnen die Sitzordnung dies erleichtert. Auch hier verändert man die Sitzordnung, wenn erste Fortschritte erzielt sind.

Regeln in der Klasse

Warum Regeln wichtig sind

- Klare Regeln erleichtern den Alltag und den Umgang miteinander ungemein.
- Regeln sollten immer dazu dienen, die Rechte aller zu ermöglichen.
- Wo es keine Regeln gibt, regiert das Recht des Stärkeren.

Kinder haben keine Vorbehalte gegen Regeln, sie wissen vom Spielen, dass Regeln wichtig sind. Ein Spiel kann nicht gespielt werden oder macht keinen Spaß, wenn die Spieler die Regeln nicht kennen oder nach verschiedenen Regeln handeln. Deswegen ist es unbedingt notwendig, dass man sich zu Beginn auf Regeln einigt. Erst danach kann ungestört gespielt werden. Manchmal taucht aber im Spielverlauf eine Situation auf, die man vorher nicht bedacht hat. Dann kann man erst weiterspielen, wenn diese Unklarheit beseitigt ist.

Jüngere Kinder befolgen Spielregeln nahezu zwanghaft. Dies zeigt, wie wichtig die Orientierung an Regeln für sie ist. Mit zunehmender Entwicklung beginnen Kinder Spielregeln abzuwandeln und der jeweiligen Situation anzupassen. Sie besprechen untereinander, wie sie spielen wollen. So entsteht soziale Kompetenz.

> Fabian nahm wegen großer Disziplinschwierigkeiten im Kindergarten an einem *Marburger Konzentrationstraining für Vorschulkinder*[15] teil. Erzieherinnen und Eltern hatten große Sorge, dass er zu Schulbeginn sofort mit sozialen Problemen starten würde. Insofern verblüffte es uns sehr, dass Fabian das Kind in der Gruppe war, das am schnellsten die Regeln verstanden hatte und diese auch erklären konnte. Der klar strukturierte Ablauf der Trainingsstunden und die Einfachheit der Regeln kamen ihm sehr entgegen. So machte er die neue Erfahrung, dass das Einhalten der Regeln für ihn große Vorteile hatte.

---

[15] Krowatschek, D., Albrecht, S. & Krowatschek, G. (2004). *Marburger Konzentrationstraining (MKT) für Kindergarten- und Vorschulkinder*. Dortmund: borgmann publishing

Ordnungshüter besitzen in den Augen der Kinder hohes Ansehen. Kinder spielen gerne Polizist, Detektiv oder Sheriff. Im Alltag achten sie streng darauf, dass Regeln, die sie verinnerlicht haben, von anderen, auch von Erwachsenen, eingehalten werden. Sie registrieren sofort, wenn jemand sich nicht an die Regeln hält. Beobachten sie, dass es keine Konsequenz für den *Regelübertreter* gibt, beginnen sie sofort damit, die Regeln auszutesten. Werden sie daraufhin ermahnt, sagen sie meistens: „Aber der Soundso hat das doch auch gemacht."

Jugendliche haben oft ein sehr ambivalentes Verhältnis zu Regeln. Viele fühlen sich schon erwachsener als die Gesetze ihnen dies zugestehen, so dass Regeln für sie oft Einschränkungen und Abhängigkeit bedeuten. Sie übertreten Regeln, um sich selbst die Autonomie zu beweisen. Dies führt auch zu Auseinandersetzungen mit Autoritätspersonen. Bei Jugendlichen ist es besonders wichtig, sie ernst zu nehmen und sie in die Entwicklung von Klassenregeln einzubeziehen.

Lehrkräfte sollten für ihre Klassen berechenbar sein. Klarheit führt zu Sicherheit. Sicherheit ist die Voraussetzung für Ruhe und Produktivität. Grenzen und Regeln, die klar sind, müssen nicht immer wieder ausgehandelt oder überprüft werden. So bleibt viel Energie für anderes. Im Unterricht ist Lernen dann möglich, wenn die Regeln klar sind.

Erst dann kann inhaltlich gearbeitet werden. Wenn die Regeln jeder Stunde neu diskutiert werden, geht viel Kraft verloren. Aber auch die Lehrkraft muss sich an Regeln halten, z.B. pünktlich zum Unterricht erscheinen.

Sinnvolle Regeln

Regeln sollten so ausgewählt werden, dass ihre Einhaltung im Interesse aller Beteiligten liegt.

Ein Beispiel: Ich halte mich an die Regel: Wenn einer spricht, hören die anderen zu.

Dies bedeutet auf der einen Seite, dass ich manchmal meinen Impuls etwas dazwischenzurufen unterdrücken muss, auf der anderen Seite habe ich aber die Sicherheit, dass mir zugehört wird, wenn ich an der Reihe bin. So komme ich in der Gruppe auch zu meinem Recht.

Beim Aufstellen einer Regel sollte klar sein, was zu unterlassen ist, aber auch welches Verhalten von den Beteiligten erwartet wird.

Regeln

- Ich benutze keine Schimpfwörter.
- Ich prügele mich nicht.
- Ich störe keinen bei der Arbeit.
- Ich esse nicht während des Unterrichts.
- Ich renne nicht durch die Klasse.
- Ich rede nicht dazwischen.
- Ich rufe nicht in die Klasse.
- Ich lache niemanden aus.
- Ich nehme nichts vom Lehrerpult.

Positive Umformulierungen

- Ich spreche freundlich mit Schülern und Lehrern.
- Ich schlichte Streit mit Worten.
- Ich lasse jeden in Ruhe arbeiten.
- Ich esse in der Frühstückspause.
- Ich gehe ruhig durch die Klasse; Während des Unterrichts bleibe ich auf meinem Platz sitzen.
- Ich lasse die anderen ausreden.
- Ich melde mich, wenn ich etwas sagen will.
- Ich akzeptiere, dass jeder Fehler machen darf.
- Ich lasse alles auf dem Lehrerpult liegen.

Wie Regeln aufgestellt werden

Klassenregeln I: Erlaubt und verboten

Ziel:
Gemeinsam werden Vorschläge für das Zusammenleben in der Klasse gesammelt und ausgewählt.

Alter:
ab zehn Jahren

Materialien:
ausreichend viele Karteikarten, am besten in rot und grün
zwei Pinnwände oder große Pappen, Stecknadeln

Dauer:
45 Minuten; beliebig viele Teilnehmer

Durchführung:
Jeder Schüler und die Lehrkraft erhält drei grüne und drei rote Karten. Auf die grünen soll man schreiben, was unbedingt in der Klasse *erlaubt* sein soll. Auf die roten schreibt man, was in der Klasse *verboten* werden soll. Die beschriebenen Karten werden an zwei verschiedene Pinnwände oder Pappen geheftet. An der einen werden die Gebote, an der anderen die Verbote gesammelt.

Die Ergebnisse werden vorgelesen. Gleiche Vorschläge werden gruppiert. So zeigt sich schnell, ob es Regeln gibt, die von der Mehrheit gewünscht werden. Bei unverständlichen Vorschlägen wird nachgefragt. Die Vorschläge werden noch nicht bewertet.

Auch bei Vorschlägen, die sich widersprechen, wird genau nachgefragt, was der Wunsch des Kindes ist, das die Regel vorgeschlagen hat und was es damit bezweckt.

Anhand der Vorschläge werden Regeln für die Klasse aufgestellt. Die *Erlaubt-* und *Verboten-Karten* werden von den Pinnwänden abgenommen, wenn die Regel die entsprechenden Vorschläge berücksichtigt. Die Regeln werden zunächst an die Tafel geschrieben. Die Übung ist zu Ende, wenn alle Vorschläge berücksichtigt wurden.

Auswertung:
Wie hat dir die Übung gefallen?
Sind dir zu beiden Bereichen Vorschläge eingefallen?
Hatten viele Kinder ähnliche Ideen wie du?
Gab es etwas, was dir als Einzigem wichtig war?
Könnten so die Regeln für unsere Klasse aussehen?
Gibt es Regeln, die dir nicht gefallen? Welche?
Haben wir alle wichtigen Bereiche für ein Miteinander erfasst?

Pädagogische Hinweise:
Bei dieser Übung äußern die Schüler ihre Erwartungen und Befürchtungen für das Leben in der Gruppe. Deswegen ist es zunächst wichtig, alle Vorschläge ernst zu nehmen und ggf. genau nachzufragen. Jüngere Kinder antworten oft, wie sie meinen, dass es von ihnen erwartet wird. Sie stellen erstaunlich strenge Regeln auf. Natürlich gibt es auch Kinder, die unsinnige Vorschläge (z.B.: „Jeder darf seine Haustiere mitbringen.") machen. Dies wird ihnen in der Regel von den anderen Kindern zurückgemeldet.

Klassenregeln II: Sinnvolle Regeln

Ziel:
Gemeinsam werden sinnvolle Regeln für die Klasse aufgestellt.

Alter:
ab zehn Jahren

Materialien:
Jeder Schüler erhält die Regeln aus der Übung *Klassenregeln I: Erlaubt und verboten* als Arbeitsblatt (von der Lehrkraft vorbereitet)

Dauer:
45 Minuten; beliebig viele Teilnehmer

Durchführung:
Die Schüler gehen in Vierergruppen zusammen und besprechen die Regeln des Arbeitsblattes. Sie überlegen:

- Welche Regeln brauchen wir?
- Welche Regeln wollen wir verändern?
- Welche Regeln fehlen?

Jede Gruppe soll nicht mehr als zehn Regeln erarbeiten.

Die Gruppen stellen ihre Ergebnisse vor. Die Ergebnisse werden verglichen. Gemeinsam werden maximal zehn Regeln ausgewählt. Die Schüler einigen sich darauf, wie lange man die Regeln ausprobieren will, z.B. zwei Wochen oder bis zu den Herbstferien.

Die Regeln werden auf ein Poster geschrieben und sichtbar in der Klasse aufgehängt. Es ist auch möglich, jedem Kind ein Blatt mit den vereinbarten Regeln in der nächsten Stunde zu geben. Jeder Schüler unterschreibt die Regeln.

Auswertung:
Könnten so die Regeln für unsere Klasse aussehen?
Gibt es Regeln, die dir nicht gefallen? Welche?
Haben wir alle wichtigen Bereiche für ein Miteinander erfasst?
Glaubst du, dass es dir leicht fällt, dich an die Regeln zu halten?
Was sollen wir tun, wenn die Regeln nicht funktionieren?

Pädagogische Hinweise:
Die Schüler übernehmen Verantwortung für die Regeln in ihrer Klasse. Die Lehrkraft kann gleichberechtigt Vorschläge einbringen und sich zu den Regeln äußern.

Klassenregeln III: Sinnvoll oder sinnlos

Ziel:
Die erprobten Klassenregeln werden überprüft und ggf. weiterentwickelt.

Alter:
ab zehn Jahren

Materialien:
Papier und Stifte

Dauer:
45 Minuten; beliebig viele Teilnehmer

Durchführung:
Die Schüler gehen in Vierergruppen zusammen und besprechen die Klassenregeln. Sie überlegen:

- Welche Regel war gut für die Klasse?
- Welche Regeln brauchen wir noch?
- Welche Regel brauchen wir nicht mehr?
- Welche Regeln wollen wir verändern?
- Welche Regeln fehlen?

Jede Gruppe soll nicht mehr als zehn Regeln erarbeiten.

Die Gruppen stellen ihre Ergebnisse vor. Die Ergebnisse werden verglichen. Gemeinsam werden maximal zehn Regeln ausgewählt. Die Schüler einigen sich darauf, wie lange man diesmal die Regeln ausprobieren will.

Die Regeln werden auf ein Poster geschrieben und sichtbar in der Klasse aufgehängt. Es ist auch möglich, jedem Kind ein Blatt mit den neu vereinbarten Regeln in der nächsten Stunde zu geben. Jeder Schüler unterschreibt die Regeln.

Auswertung:
Könnten so die Regeln für unsere Klasse aussehen?
Glaubst du, dass diese Regeln besser für die Klasse sind?
Gibt es Regeln, die dir nicht gefallen? Welche?
Haben wir alle wichtigen Bereiche für ein Miteinander erfasst?
Glaubst du, dass es dir leicht fällt, dich an die Regeln zu halten?
Was sollen wir tun, wenn die Regeln nicht funktionieren?

Pädagogische Hinweise:
Bei diesem dritten Schritt der Klassenregeln kann es sein, dass die meisten Regeln beibehalten werden. Dennoch ist er wichtig, weil sich die Klasse noch einmal mit den Regeln auseinandersetzt. Die Verbindlichkeit wird dadurch erhöht.

Wenn Regeln verletzt werden

Die Regeln sollten so ausgewählt und formuliert werden, dass sich die Schüler an die Regeln halten können und wollen. Das Einhalten der Regeln sollte immer im Zentrum stehen. Je mehr sich die Lehrkraft damit beschäftigt, wie sie schwierige Kinder dabei unterstützen kann, dass sie sich an die Regeln halten, desto leichter wird dies gelingen (s. Arbeiten mit Verstärkern). Beschäftigt uns aber nur die Frage, welche Strafen oder Maßnahmen wir beim Nichteinhalten anwenden, verschließen wir uns innerlich der Möglichkeit, dass es klappen kann.

Besprechen Sie auch mit den Schülern, welche Konsequenzen es haben kann, wenn die Regeln nicht befolgt werden. Unangemessenes Verhalten, unflätige Sprache oder außerordentliche Unruhe werden sofort begrenzt. Versuchen Sie die Regeln strikt zu befolgen und lassen Sie nur wenige Ausnahmen zu. Sagen Sie den Schülern genau, was Sie unter einem unangemessenen Verhalten im Detail verstehen und wie man es verbessern kann. Das Klassenklima sollte so gestaltet werden, dass die Schüler die Regeln akzeptieren können, dass sie der Lehrkraft vertrauen und sie auch schätzen.

Regelverstöße

Bei Regelverstößen füllt der Schüler ein entsprechendes Protokoll aus. Er setzt sich mit seinem Verhalten auseinander, wenn er eine wichtige Regel gebrochen hat.

Das Protokoll ermöglicht einen Überblick darüber, wie eine Regel gebrochen wurde und welches Fehlverhalten auftrat. Es wird von allen Beteiligten unterschrieben.

Das geschriebene Wort hat mehr Bedeutung und macht unter Umständen einiges klarer.

Es kann auch zur Dokumentation verwendet werden.

In der Regel unterschreiben Schüler und Lehrkraft das Protokoll.

Es eignet sich mehr für den Einsatz bei Jugendlichen und sollte die Möglichkeit für ein intensives Gespräch eröffnen.

PROTOKOLL

Name: _____

Lehrkraft: _____ Datum: _____

*Humor Zurückhaltung Geduld Initiative
gesunder Menschenverstand Gelassenheit Flexibilität
Bemühung Sorge Problem lösen Management Neugier
Zusammenarbeit Verantwortlichkeit Freundschaft*

Schreibe in deinen eigenen Worten:

1. Was ist geschehen (was hast du gesehen, gehört, gefühlt)?
   _____
   _____

2. Was glaubst du, war die Ursache, dass alles so ablief?
   _____
   _____

3. Was war dein Anteil an dem, was geschehen ist?
   _____
   _____

4. Welches Verhalten hättest du praktizieren können von denen, die oben im Kasten angegeben sind?
   _____
   _____

5. Was wirst du das nächste Mal tun?
   _____
   _____

_____   _____
Unterschrift Schüler/in   Unterschrift Lehrkraft

Lehrer brauchen Rituale

Rituale sind Handlungsabläufe, die in immer gleicher Art ablaufen. Allen ist klar, dass Kinder Rituale brauchen. Kinder lieben Rituale. Sie bieten ihnen Orientierung im Alltag. Durch die Wiederholung geben sie den Kindern Sicherheit.

Aber auch für Lehrer sind Rituale wunderbare Hilfen im Schulalltag. Mit Hilfe des Rituals bauen Kinder Erwartungshaltungen auf und somit auch eine Bereitschaft entsprechend zu handeln. Die Regeln von Ritualen werden verinnerlicht und müssen nur selten benannt werden. So fällt es Kindern plötzlich leicht, abzuwarten, bis sie an der Reihe sind, oder sie hören aufmerksam zu.

Rituale
- bieten die Möglichkeit nonverbal Verhalten zu regeln,
- ersetzen Ermahnungen,
- verleihen dem Alltag etwas Spielerisches oder Feierliches,
- stärken das Selbstwertgefühl,
- sollten altersgemäß sein.

> Bei einer Unterrichtsbeobachtung in einer jahrgangsübergreifenden Montessoriklasse (erste bis dritte Klasse) habe ich folgendes Ritual kennen gelernt: Die Kinder hatten sich zum Ende der Woche zu einem Gesprächskreis in der Turnhalle versammelt. Jedes Kind hatte hierfür seinen Stuhl mitgebracht. Nach dem Gesprächskreis sollten die Kinder leise mit ihren Stühlen zurück in den Klassenraum gehen. Ein Junge wurde von dem Lehrer bestimmt und setzte sich in die Mitte des Kreises. Die Aufgabe des Jungen war zu schauen, welche Kinder schon so leise auf ihrem Stuhl saßen, dass sie in die Klasse zurückgehen durften. Auf diese Kinder zeigte der Junge in der Mitte nacheinander. Sie nahmen ihre Stühle und gingen leise in die Klasse zurück. Innerhalb weniger Minuten waren alle Kinder zurückgekehrt. Der Lehrer hatte nicht eine Ermahnung ausgesprochen.

Eine sehr engagierte Grundschullehrerin arbeitet häufig mit Ritualen. Da sie eine Vorliebe für Musik und Handpuppen hat, setzt sie beides regelmäßig in ihren Unterrichtsstunden ein. Es gibt ein Guten-Morgen-Lied, ein Ruhelied, ein Vertrage-Lied usw. Genauso haben die unterschiedlichen Handpuppen ihre Aufgaben im Unterricht, die Mäuse Mausi und Pieps helfen bei schwierigen Matheaufgaben, beim lesen Üben hört der Affe Bruno auch zu, der Igel Pieks hört sich die Sorgen an usw.[16] Die Kinder profitieren sehr von diesem spielerischen Umgang. Allerdings erzeugt es bei manchem Kollegen Misstrauen, wenn die Kinder erzählen: „Heute haben wir wieder nur gespielt!"

---

[16] „ADHS macht Schule!" Monika Gysi & Nicole Schwanenberg in „ADHD-Kinder in der Schule. Aufsätze für Eltern und Pädagogen." AÜK (Hrsg.). BV AÜK-Verlag: Berlin

Das Feedback

Zu einem guten Klassenklima gehört es, Schülern ein Feedback zum Unterricht im weitesten Sinne zu ermöglichen.

Das Feedback der Schüler kann sich einmal auf die Lehrperson und auf ihren Unterricht beziehen, es kann aber auch die Eigenleistungen der Schüler betreffen. Hier beurteilen sie, ob Erwartungen erfüllt, Ziele erreicht und Vorhaben realisiert wurden.

Das Klima in einer Klasse ist in Ordnung, wenn Interaktion und Kooperation untereinander und mit der Lehrkraft immer wieder Gegenstand des Unterrichts sind.

Die Klasse erhält Gelegenheit, Rückmeldungen zu geben und individuell Stellung zu nehmen:

- zum Unterrichtsgeschehen,
- zur eigenen Befindlichkeit,
- zur Situation der Klasse,
- zur Person der Lehrkraft,
- zum Lehrstoff und seiner Präsentation,
- zu Konflikten etc.

Schüler lernen dabei, sich mitzuteilen, sich zu engagieren, zu reflektieren, zu verbessern, zu verändern und sich zu motivieren. Positive und negative Äußerungen sind gleichermaßen wichtig. Die Schüler erfahren, dass ihre Meinungen und ihre Probleme ernst genommen werden.

Gelingt es der Lehrkraft, in der Klasse ein Klima herzustellen, in dem man sich anerkennend äußert und den Mut hat Kritik zu üben, so wird die Klasse in der Lage sein konstruktiv mit Kritik umzugehen. Ziel sollte sein, dass die Schüler gemeinsam zu einer Lösung finden und Verantwortung für die Bewältigung des Konfliktes übernehmen. Die Lehrkraft unterstützt die Schüler dabei, sie moderiert mehr, als dass sie richtet. Hierbei achtet sie darauf, dass beide Seiten zu Wort kommen und ihre Sicht des Konfliktes schildern. Sie bemüht sich darum, dass beide Seiten einander verstehen. Nun werden die Beteiligten gefragt, welche Lösung sie für das Problem vorschlagen und was sie zu tun bereit wären, um das Problem zu lösen. Lösungen, die von den Schülern selbst entwickelt wurden, werden von ihnen besser in die Tat umgesetzt als Vorschläge der Lehrkraft, die vielleicht den Kern des Konfliktes nicht berühren. Die großen Erfolge von Streitschlichterprogrammen bestätigen dies. Die Moderation eines solchen Konfliktgesprächs wird in vielen Schulen bereits von Schülern – so genannten Streitschlichtern oder Konfliktlotsen[17] – übernommen.

Kritik, die in der Klasse nicht angemessen geäußert werden kann, und Konflikte, die unter der Oberfläche gären, vergiften über kurz oder lang das Klassenklima. Wenn die Probleme schließlich hervorbrechen, sind sie mit viel mehr Kraftanstrengung zu behandeln, als wenn sie früher thematisiert worden wären.

Die folgenden Übungen eignen sich besonders dafür, mit einer Klasse einzuüben, dass und wie man sich sowohl anerkennend als auch kritisch äußert. Neben den verbalen Äußerungen wird ein Vielzahl von Möglichkeiten Stellung zu beziehen beschrieben. Deswegen funktionieren die Übungen schon bei sehr jungen Schülern oder solchen, die verbal nicht sehr stark sind. Ein Teil der Übungen bietet sich als fester Bestandteil zur Psychohygiene einer Schulklasse an. Neben dem pädagogischen Nutzen machen die Übungen den meisten Kindern und Jugendlichen Spaß.

1. Blitzlichter

Ziel:
In kurzer Zeit gibt jeder Schüler der Klasse eine Rückmeldung darüber, wie die vorangegangene Unterrichtseinheit für ihn war. Zwar sind Blitzlichter nicht sehr differenziert, aber sie ermöglichen es, einen guten Einblick in die Stimmungslage der Klasse zu bekommen.

Alter:
ab acht Jahren

Material:
Plakatkarton und Stifte für Variante vier

Dauer:
fünf bis zehn Minuten; beliebig viele Teilnehmer

Durchführung:
Variante eins: Die Schüler sitzen auf ihren Stühlen. Dabei halten sie die rechte Hand in Höhe der Knie und der Daumen zeigt nach unten. Die Lehrkraft fragt: „Wie war's für dich?" Nun positionieren die Kinder ihre Daumen: Wenn der Daumen auf

---

[17] Z.B. Streiten – Vermitteln – Lösen. Das Schüler-Streit-Schlichter-Programm. Karin Jefferys, Ute Noack. AOL Verlag, 2001. Mediation in der Schule. Jamie Walker. Cornelsen Lehrbuch, 2001

Kniehöhe bleibt, heißt das: „Schlecht!", wandert er in Brusthöhe, bedeutet es: „So lala, es war nicht schlecht, aber auch nicht gut", schießt der Daumen in die Höhe, dann war die Unterrichtssequenz „Prima!" für den Schüler.

Variante zwei: Die Lehrkraft zeichnet drei Symbole nebeneinander an die Tafel (oder auf eine Flip-Chart bzw. einen großen Papierbogen): ☺, 😐 und ☹. Darunter lässt sie ausreichend Platz. Die Schüler können nun unter dasjenige Symbol, das ihre Befindlichkeit am besten ausdrückt, unterschreiben:
☺ – „Es war spitze, mir geht es gut."
😐 – „Naja, es gab Gutes und Schlechtes."
☹ – „Es hat mir nicht gefallen. Es geht mir nicht gut."

Variante drei: Die Schüler setzen sich in einen Stuhlkreis und die Lehrkraft stellt ihnen Fragen (z.B.: „Wie war's für dich?" „Hast du dich gut beteiligen können?" usw.). Die Klasse antwortet, indem jeder Schüler zwischen einem und zehn Fingern hochhält: Zeigt ein Kind alle zehn Finger, bedeutet das, der Schüler bejaht die Frage (konnte also z.B. gut mitarbeiten). Werden fünf Finger hoch gehalten, stimmt er der Aussage „teils, teils" zu. Zeigt er nur einen oder gar keinen Finger, verneint er die Frage (konnte also beispielsweise gar nicht gut mitarbeiten).

Variante vier: In der Klasse hängt ein Plakatkarton, auf dem Kästchen in Anzahl der Schüler gezeichnet sind. Die Lehrkraft hält drei Farben bereit: z.B. Rot, Gelb und Grün.
Grün – „Es war prima für mich, alles okay."
Gelb – „Alles in allem ganz okay. Es gab Gutes und Schlechtes."
Rot – „Für mich ist es schlecht gelaufen. Es gab Konflikte oder ich habe vieles nicht verstanden."
Jedes Kind malt mit der Farbe, die seiner Gefühlslage entspricht, ein Kästchen aus.

Variante fünf: Das klassische Blitzlicht als kurze Momentaufnahme.
Auf die Frage „Wie war es heute für dich?" (oder eine andere Frage) antwortet jeder höchstens mit einem Wort oder einem Satz.

Pädagogische Hinweise:
Blitzlichter werden nicht kommentiert und nie korrigiert.
Blitzlichter eignen sich gut als Klassenritual.

2. Die Wetterkarte

Ziel:
In einer kreativen Übung geben die Schüler Rückmeldung. Dabei müssen sie weder schreiben noch lesen, was insbesondere jüngeren Schülern und Hauptschulklassen entgegenkommt.

Alter:
ab acht Jahren

Material:
Kopien *Die Wetterkarte* für jedes Kind, Plakatkarton, Stifte, Scheren, Kleber

Dauer:
30 Minuten; beliebig viele Teilnehmer

Durchführung:
Jeder Schüler erhält zunächst eine Kopie des Arbeitsblattes *Die Wetterkarte*. Darauf sind unterschiedliche Wettersymbole abgebildet (Sonnenschein, Nebel, Gewitter usw.). Die Lehrkraft erklärt: „Jeder soll sich ein Wettersymbol aussuchen, dass seiner derzeitigen Stimmung entspricht. Dieses kann er ausmalen und gestalten. Auf der Vorlage befinden sich auch freie Felder. Hier kann jeder Schüler eigene Wettersymbole entwerfen. Im zweiten Schritt soll das gewählte Symbol ausgeschnitten und auf einer vorbereiteten Plakatwand aufgeklebt werden."
Es hat sich bewährt, die einzelnen Symbole vorab zu besprechen und zu definieren:

Sonne – „Alles super, ich habe mich gut gefühlt."
Gewitter – „Es ist nicht gut gelaufen. Spannungen und Konflikte beherrschten das Geschehen."
Nebel – „Ich habe keinen Durchblick. Für mich ist vieles unklar geblieben."
Wolken und Sonne – „Es ging so. Es gab Dinge, die mir gefallen haben, und solche, die mir nicht so lagen."
Frost – „Es war kühl. Ich habe mich nicht gut gefühlt."
Regen – „Es war ziemlich langweilig."

Variante:
Die Schüler stellen anhand einer Wetterkarte dar, wie sie sich im Verlauf einer Unterrichtseinheit gefühlt haben. Dazu bekommt jeder einen eigenen Karton und klebt darauf nebeneinander verschiedene Wettersymbole auf (z.B.: zu Beginn die Sonne, dann den Regen, dann den Nebel usw.).

Auswertung:
Wie war die Übung für dich? *Bei eigenen Wetterkarten:* Beschreibe deine Wetterkarte. Was ist dir daran wichtig? Wie fühlst du dich jetzt?

Pädagogische Hinweise:
Für die Schüler ist es wichtig, genau zu wissen, was sie bewerten (die letzte Stunde, die letzte Unterrichtseinheit usw.). Die Wetterkarte ist ein schöner Einstieg zum Feedback, da sie besonders die Emotionen und nicht so stark die Gedanken der Schüler anspricht. Das Ergebnis ist optisch schön und kann als Bild, an dem alle mitgewirkt haben, aufgehängt werden.

Die Wetterkarte

3. Fragebogen: Heute

Ziel:
Mit Hilfe eines Fragebogens geben die Schüler Rückmeldung über ihr Verhalten im Unterricht und lernen so, sich selbst einzuschätzen.

Alter:
ab zehn Jahren

Material:
Fragebögen in Anzahl der Schüler

Dauer:
30–45 Minuten; beliebig viele Teilnehmer

Durchführung:
Die Lehrkraft verteilt die Fragebögen und erklärt die Aufgabe:

„Du hast gerade einen Fragebogen von mir bekommen. Mit diesem Fragebogen hast du die Möglichkeit darüber nachzudenken, wie der Unterricht oder die Übung heute für dich war. Wenn du dir den Bogen anschaust, dann siehst du, dass links achtzehn Aussagen stehen.

Jeder dieser Aussagen kannst du entweder zustimmen oder sie ablehnen. In den freien Feldern neben den Aussagen kreuzt du an, wie stark du der Aussage zustimmst. Es geht um deine eigene Einschätzung. Es gibt also keine richtigen und falschen Antworten."

Im Anschluss berichtet jeder von seinem Fragebogen.

Auswertung:
Wie war die Übung für dich?
Gab es Schwierigkeiten beim Ausfüllen des Bogens?
Haben dir Fragen gefehlt?
Welcher andere Bogen ist dir aufgefallen oder hat dir zu denken gegeben?

Pädagogische Hinweise:
Im Gegensatz zu anderen Fragebögen beurteilt der Schüler hier ganz konkret sein eigenes Verhalten.

HEUTE...	stimme voll zu	stimme zu	stimme eher zu	teils/teils	stimme eher nicht zu	stimme nicht zu	stimme gar nicht zu
AUSSAGE	3	2	1	0	-1	-2	-3
1. Ich konnte mitarbeiten.							
2. Ich habe mich gemeldet.							
3. Ich habe zugehört.							
4. Ich habe mich angestrengt.							
5. Ein Problem ist gelöst worden.							
6. Ich musste nicht schwätzen.							
7. Ich habe mich nicht gestritten.							
8. Ich habe mit anderen zusammengearbeitet.							
9. Ich wurde gelobt.							
10. Ich war erfolgreich.							
11. Ich war mutig.							
12. Ich war nicht ängstlich.							
13. Ich habe mich nicht provozieren lassen.							
14. Ich bin nicht ausgerastet.							
15. Ich habe einem anderen Kind geholfen.							
16. Ich habe meinen Willen durchgesetzt.							
17. Ich hatte genug Zeit.							
18. Ich habe gelacht.							

4. Fünf Finger, fünf Komplimente

Ziel:
Die Schüler lernen, auf das Besondere und Positive an den anderen zu achten und es zu äußern. Gleichzeitig erhalten sie selbst ein positives Feedback.

Alter:
ab zehn Jahren

Material:
ein Bogen buntes Papier pro Schüler, Scheren und Stifte

Wenn du kritisiert wirst, musst du irgendetwas richtig machen, denn man greift nur den an, der den Ball hat.
(Bruce Lee)

Dauer:
30–45 Minuten; beliebig viele Teilnehmer

Durchführung:
Die Schüler zeichnen ihre Hand auf. Dazu legen sie diese auf einen Bogen Papier und umfahren die einzelnen Finger mit einem Stift. Danach schneidet jeder seine Zeichnung aus.
Im Anschluss legen alle ihre gezeichneten und ausgeschnittenen Hände auf den eigenen Platz oder den Tisch vor sich hin. Die Schüler gehen im Raum umher. Jeder aus der Klasse kann nun zu dem Platz eines Kindes gehen, dem er schon immer ein Kompliment geben wollte. Dazu schreibt er es in einen der Finger hinein (z.B. *„Du bist ein toller Fußballer."* oder *„Ich finde es schön, dass du mir bei den Aufgaben hilfst."*). Eine Hand ist „voll", wenn in jedem Finger ein Kompliment steht. Dann dürfen keine weiteren hinzugefügt werden. Pro Hand darf jeder Teilnehmer höchstens ein Kompliment geben. Das Spiel ist erst zu Ende, wenn jeder Schüler fünf Komplimente erhalten hat.
Wenn die Hand eines jeden Schülers voll ist, setzt sich die Klasse in einen Stuhlkreis und jeder liest seine Hand vor.

Auswertung:
Welches Kompliment hat dir besonders gefallen?
Welche Komplimente hast du gegeben?
Wie fühlst du dich jetzt?

Pädagogische Hinweise:
Fünf Finger, fünf Komplimente ist ein sehr wichtiges und beliebtes Experiment. Die Schüler lernen zum einen, Positives am anderen wahrzunehmen und mitzuteilen. Sie lernen aber auch, positive Äußerungen von anderen zu akzeptieren.
Besonders Schülern, die in der Klassengemeinschaft schlecht integriert sind und von wenigen gemocht werden, tut dieses Experiment gut. Auch sie bekommen fünf Komplimente und stehen mit den anderen „auf Augenhöhe".
Die Hände der Kinder sind unterschiedlich schnell mit Komplimenten gefüllt. Bei manchen Kindern dauert es lange. Als Lehrkraft sollte man sich in dieser Situation zurückhalten und darauf vertrauen, dass die Klasse auch für diese Kinder die Verantwortung übernimmt. Für einen Schüler ist es viel besser, wenn ihm seine Klasse langsam und vielleicht schleppend Positives mitteilt, als wenn die Lehrkraft aus Mitleid mehrere Komplimente einträgt.
Viele Klassen äußern den Wunsch, das Experiment zu wiederholen. Diesem Wunsch sollte man entsprechen.
Wichtig: Auch die Lehrkraft nimmt an der Übung teil. Auch sie freut sich über positives Feedback.

5. Ich kann Kritik ertragen

Ziel:
Kritik wird von Schülern häufig als bedrohlich empfunden. Sie haben den Eindruck, immer perfekt sein zu müssen, und Kritik wird als Katastrophe wahrgenommen. In dieser Übung lernen sie, Kritik zu formulieren, anzunehmen und gelassen zu ertragen.

Alter:
ab zehn Jahren

Material:
Karteikarten, Nägel, Hammer

Dauer:
30–45 Minuten; beliebig viele Teilnehmer

Durchführung:
Jeder Schüler erhält einen Satz Karteikarten. Auf die eine Seite notiert jeder den Namen einer Person, die er kritisieren möchte (auch die Lehrkraft nimmt teil). Auf die andere Seite schreibt er seine Kritik. Die Kritik sollte ernst gemeint sein.
Die Kritik darf nur Verhaltensweisen einer Person betreffen, über die man sich geärgert hat oder die man nicht akzeptieren möchte (z.B. „Ich mag es nicht, wenn du ohne zu fragen Sachen von mir nimmst.").
Die Person darf nicht beleidigt werden (z.B. „Du bist saudoof." „Deine Klamotten sind ätzend.")
Ein Schüler beginnt. Er nimmt seinen Zettel und wählt aus dem Nägelsortiment einen Nagel aus, der zu seiner Kritik passt. Ist er der Meinung, die Kritik sei sehr schwerwiegend, nimmt er einen großen Nagel. Handelt es sich nur um eine kleine Kritik, nimmt er einen kleinen Nagel.
Mit Zettel und Nagel geht er nun zu dem Mitschüler, den er kritisieren möchte. Beides übergibt er.
Dieser entscheidet, ob er die Kritik annimmt oder nicht. Er nimmt die Kritik an, indem er den Zettel an das Brett nagelt. Lehnt er die Kritik ab, gibt er Zettel und Nagel zurück.
Denkbar ist auch eine andere Bewertung der Kritik. In diesem Fall nimmt der Kritisierte den Zettel an, tauscht aber den Nagel in einen kleineren oder größeren um. Mit diesem nagelt er den Zettel an das Brett.

Auswertung:
Hast du eine Karte bekommen?
Hast du eine Kritik ausgeteilt?
Wie hast du auf die Kritik reagiert?
Hat die Kritik etwas bei dir verändert?

Pädagogische Hinweise:
Die Durchführung ist außerordentlich spannend, weil die Kinder sehr genau darüber nachdenken, was sie kritisieren sollen oder was an ihnen kritisiert wurde. Die meisten können die Kritik gut ertragen. Es ist interessant, zu beobachten, wie genau das Für und Wider der verschiedenen Nagelgrößen abgewogen wird.
Häufig kommt aus der Schulklasse der exzellente Vorschlag, das Experiment mit verschiedenen Formen von Lob zu wiederholen. Diesem Vorschlag sollte unbedingt entsprochen werden.

6. Ich wünsche dir ein schönes, langes Leben …

Ziel:
Durch eine ritualisierte Äußerung erhält jeder Schüler die Möglichkeit, Kritik zu äußern und darauf zu reagieren. Die Form kanalisiert Aggressionen und hält dem Kritisierten die Möglichkeit offen, die Kritik nicht anzunehmen.

Alter:
ab acht Jahren

Material:
keines

Dauer:
fünfzehn Minuten; beliebig viele Teilnehmer

Durchführung:
Ein Schüler eröffnet das Ritual, indem er zu jemandem, den er kritisieren möchte, geht und sagt: *„Lieber X, ich wünsche dir ein schönes langes Leben, aber mich stört an dir …"* Jetzt äußert der Schüler seine Kritik. Diese sollte berechtigt und konkret formuliert sein (z.B.: *„… dass du mich ärgerst, dass du mich nicht mitspielen lässt, dass du so leicht beleidigt bist usw."*). Pauschale Aussagen oder Beleidigungen sind nicht zulässig (z.B.: *„… dass du doof bist"*).
Der angesprochene Schüler entscheidet für sich, ob er die Kritik annimmt oder nicht. Unabhängig von seiner Entscheidung antwortet er immer wörtlich: *„Lieber Y, ich danke dir, dass du mir das sagst, aber ich bin nicht auf der Welt, um so zu sein, wie du mich haben willst."* Nun kann er oder ein anderer Mitschüler jemanden ansprechen.

Auswertung:
Wie war das Experiment für dich?
Konntest du die Kritik nachvollziehen? Denkst du, dass sie berechtigt war?
Hast du jemanden kritisiert?

Pädagogische Hinweise:
Die vorgegebenen Sätze sollten als Ritual eingeführt und wörtlich von den Schülern wiedergegeben werden. Da sich eine ganze Reihe von Kindern die Sätze nur schwer merken kann, hat es sich bewährt, diese an die Tafel zu schreiben und von dort ablesen zu lassen.
Das Spiel eignet sich gut, Ärger und Aggressionen zu thematisieren. Besonders den überaktiven und aggressiven Kindern kommt es entgegen, da sie die Möglichkeit haben, nur so viel Kritik anzunehmen, wie sie zum gegenwärtigen Zeitpunkt können. Lehrkräfte tendieren bei diesem Spiel dazu, Kritik, die an sie gerichtet ist, zu beschwichtigen, sich zu rechtfertigen und zu rationalisieren. Dies sollte nicht getan werden. Auch für die Lehrkraft gilt als Antwort nur: *„Ich danke dir, dass du mir das sagst, aber ich bin nicht auf der Welt, um so zu sein, wie du mich haben willst."*

7. Der heiße Stuhl

Ziel:
Die Schüler üben sich darin, andere positiv wahrzunehmen, sie zu bekräftigen und selbst Lob anzunehmen.

Alter:
ab zehn Jahren

Material:
Stuhl

Dauer:
30–45 Minuten, je nach Anzahl an Freiwilligen; beliebig viele Teilnehmer

Durchführung:
Die Klasse sitzt im Stuhlkreis. In der Mitte befindet sich der „heiße Stuhl". Ein Freiwilliger setzt sich dorthin. Nacheinander gehen alle Klassenmitglieder zum heißen Stuhl und sagen dem Schüler, was ihnen an ihm gefällt oder sie an ihm mögen. Das kann ein Lob sein (*„Ich finde es toll, dass du immer so mitmachst."*), ein Kompliment (*„Du hast eine tolle Frisur."*) oder einfach etwas Nettes (*„Es ist schön, dass du in der Klasse bist."*).
Haben alle Klassenmitglieder (inklusive der Lehrkraft) Stellung genommen, kann sich ein neuer Freiwilliger auf den Stuhl setzen.

Auswertung:
Wie war die Übung für dich?
Welches Kompliment hat dir besonders gefallen?
Welche Komplimente hast du gegeben?
Fiel es dir schwer, ein Lob anzunehmen/zu geben?

Pädagogische Hinweise:
Die bekanntere Variante dieses Experiments besteht darin, dass ein Freiwilliger sich in die Mitte des Kreises setzt und die übrigen Teilnehmer Kritik an ihm üben. In Selbsterfahrungsgruppen wird diese Variante häufig praktiziert.
Für den Unterricht ist ausdrücklich davon abzuraten. Die Kinder und Jugendlichen empfinden die Kritik als sehr belastend und können wenig Nutzen daraus ziehen. Auch verfügt eine Lehrkraft in der Regel nicht über das nötige therapeutische Wissen, um die Situation wieder aufzufangen.

8. SMS an meine Lehrkraft

Ziel:
In einem kurzen Statement äußern sich die Schüler über die Lehrkraft, den Unterricht oder die Klasse, ohne dass ein bestimmtes Thema vorgegeben wird. Die Schüler lernen, Stellung zu nehmen.

Alter:
ab zehn Jahren

Material:
Vorlage *SMS an meine Lehrkraft* pro Schüler (S. 126)

Dauer:
fünf Minuten; beliebig viele Teilnehmer

Durchführung:
Jeder Schüler erhält die Vorlage *SMS an meine Lehrkraft*. Auf diese sollen die Jugendlichen in maximal elf Wörtern schreiben, was sie zurzeit bewegt und was sie gerne der Lehrkraft mitteilen möchten. Das Thema der SMS bestimmen die Jugendlichen selbst. Dabei kann es um den Unterricht („*In der letzten Stunde habe ich nichts verstanden.*"), um die Lehrkraft („*Ich mag es, wenn Sie zwischendurch Witze machen.*") oder um die Klasse gehen („*Ich fände es schön, wenn wir weniger streiten würden.*").
Im Kopf der SMS ist ein Feld, in das die Schüler ihren Namen schreiben können, wenn sie das möchten. Die SMS kann genauso gut auch anonym abgegeben werden.

Auswertung:
In der folgenden Stunde bespricht man die Anregungen, ohne darauf einzugehen, von wem sie stammen.

Pädagogische Hinweise:
In dieser Übung führt man die Schüler langsam dahin, verbal Stellung zu nehmen. Die Form der SMS hilft den meisten Jugendlichen, da ihnen das Handy aus

der Freizeit gut bekannt ist. Weil die Schüler nicht allzu viel schreiben müssen, lässt sich diese Form des Feedbacks auch gut in Klassen einsetzen, deren Schüler nur sehr ungern verschriftlichen. Gute Erfahrungen haben wir in Klassen des BGJ[18] und des BVJ[19] an Berufsschulen gesammelt. In einigen Klassen setzen die Lehrkräfte mittlerweile die *SMS an meine Lehrkraft* als festes Ritual ein. Für die Lehrkraft hat die SMS den Vorteil, dass sich die Schüler auf das Wesentliche beschränken (müssen).

SMS an meine Lehrkraft

Datum:	Von:	An:	Länge: elf Wörter

9. Feedback an die Lehrkraft

Ziel:
In drei Sätzen äußern die Schüler, was sie an der Lehrkraft mögen, was ihnen missfällt und was sie sich von ihr wünschen.

Alter:
ab zehn Jahren

Material:
Stifte und Papier

Dauer:
20 – 30 Minuten; beliebig viele Teilnehmer

Durchführung:
Jeder Schüler hat ein Blatt Papier vor sich liegen, auf das er drei Satzanfänge schreibt. Diese stehen vorn an der Tafel:

---

[18] Berufsgrundbildungsjahr: Schüler, die an einer solchen Maßnahme teilnehmen, haben bereits den Hauptschulabschluss.
[19] Berufsvorbereitendes Jahr: Innerhalb dieser Maßnahme können die Schüler einen Hauptschulabschluss nachholen.

1. Ich freue mich, wenn Sie …
2. Ich mag nicht, wenn Sie …
3. Ich möchte, dass Sie …

Die Klasse bekommt fünf bis zehn Minuten Zeit, damit jeder für sich die Sätze beenden kann. Danach werden die vervollständigten Sätze nacheinander von allen Schülern vorgelesen. Wenn ein Schüler fertig ist, bedankt sich die Lehrkraft bei ihm und fordert den nächsten auf, weiterzumachen. Die einzelnen Aussagen werden im Raum stehen gelassen, ohne kommentiert zu werden.
Es ist auch möglich, die einzelnen Aussagen an der Tafel festzuhalten. Dazu schreibt man die Satzanfänge nebeneinander und die Antworten der Schüler darunter. So entstehen drei Kolumnen.

Auswertung:
Wie war das Experiment für dich?
Hast du dich getraut, deine Meinung frei zu äußern?

Pädagogische Hinweise:
Man sollte dieses Experiment nur dann durchführen, wenn eine gute Beziehung zur Klasse besteht, da es unbedingt notwendig ist, geäußerte Kritik stehen zu lassen und nichts zu erklären oder zu beschwichtigen. Ansonsten entsteht der Eindruck bei den Schülern, sie könnten doch nicht das sagen, was sie denken.
Das Experiment trainiert sehr eindrucksvoll die Kritikfähigkeit, weil es sowohl auf Positives als auch auf Negatives eingeht.

10. Einfluss und Vertrauen

Ziel:
Die Schüler verdeutlichen sich gegenseitig, wem sie vertrauen und von wem sie glauben, dass er einen positiven Einfluss auf die Klasse habe. Die Lehrkraft bekommt einen Einblick in die emotionale „Landschaft" ihrer Gruppe.

Alter:
ab zehn Jahren

Material:
pro Kind drei blaue, rote und grüne Karten

Dauer:
20–30 Minuten; beliebig viele Teilnehmer

Durchführung:
Jeder Schüler erhält drei blaue, drei gelbe und drei rote Karten. Diese soll jeder unter seinen Mitschülern verteilen.

Die Karten bedeuten:

Blaue Karte – „Ich vertraue dir" (z.B. „Dir würde ich ein Geheimnis erzählen. Dir würde ich etwas ausleihen.")

Gelbe Karte – „Du hast einen positiven Einfluss auf die Klassengemeinschaft. (z.B. „Du hast viele Ideen. Du schlichtest Streit. Du hilfst anderen.")

Rote Karte – „Du hast einen schlechten Einfluss auf die Klasse. (z.B. „Du ärgerst andere. Du störst. Du spielst nie mit.")

Es müssen nicht alle Karten verteilt werden. Vertraut ein Schüler lediglich zwei Personen in der Klasse, so verteilt er auch nur zwei blaue Karten. Die dritte blaue Karte behält er für sich.

Auswertung:
Wie viele Karten hast du bekommen?
Wie fühlst du dich damit?
Gab es Karten, bei denen es dir schwer fiel, sie jemandem zu geben?
Hast du rote Karten erhalten?

Pädagogische Hinweise:
Nach der Durchführung ist es notwendig, eine kurze Auswertungsrunde zu machen. Dabei kann jedes Kind die Karten zeigen, die es bekommen hat. Als Hilfestellung dienen die Fragen unter **Auswertung**.
Dieses Experiment wirkt emotional. Es kann sein, dass ein Schüler von den roten Karten, die er erhält, sehr berührt ist und evtl. auch weint. In einem solchen Fall ist es wichtig, kurz seine Gefühle anzusprechen (z.B. „Du bist jetzt ziemlich berührt, dass du so viele rote Karten erhalten hast."). Schüler überlegen genau, wem sie welche Einflusskarte geben, so dass die Vergabe der roten Karten in der Regel berechtigt ist. Ein Schüler erhält niemals grundlos mehrere rote Karten. Lösungen oder Probleme sollten zu diesem Zeitpunkt aber nicht diskutiert werden. Dies würde das betroffene Kind emotional überfordern. Manchmal ist es für das kritisierte Kind hilfreich, wenn die Lehrkraft ihm ein Gespräch anbietet. Hier kann gemeinsam überlegt werden, warum die Rückmeldung so ausgefallen ist und ob es Verhaltensweisen gibt, die das Kind verändern möchte.

11. Die Friedensdose

Ziel:
Die Schüler finden für sich einen positiven Abschluss und versuchen untereinander Konflikte zu klären.

Alter:
ab sechs Jahren

Material:
eine schön gestaltete Friedensdose, z.B. eine mit Sternen verzierte Chipstrommel, ausreichend Bonbons

Dauer:
fünf bis zehn Minuten; beliebig viele Teilnehmer

Durchführung:
In regelmäßigen Abständen, mindestens aber einmal pro Woche, wird die Dose von Schüler zu Schüler weitergegeben. Jeder, der die Friedensdose in der Hand hat, wird von der Lehrkraft gefragt: „Alles in Ordnung?"
„Bei mir ist alles in Ordnung", antwortet der Schüler und nimmt sich ein Bonbon aus der Friedensdose und gibt sie weiter.
Besteht nun ein Konflikt, so sagt der Betreffende: „Bei mir ist nicht alles in Ordnung", und erklärt dann, was los ist. Wenn der Konflikt vorgebracht wurde, dürfen der oder die anderen Beteiligten sich kurz dazu äußern. Dann wird derjenige, der den Konflikt benannt hat, gefragt, was er sich wünscht, damit die Sache wieder in Ordnung kommt.
Auch der „Schuldige" wird im Fall eines Streites gefragt, was er als Entschädigung anzubieten hat. Wenn sich die beiden einigen können, gibt es eine Entschuldigung (mit Handschlag und Blickkontakt). Dann kann derjenige, der den Konflikt vorgetragen hat, auch sagen: „Bei mir ist alles in Ordnung", sich ein Bonbon nehmen und die Friedensdose weitergeben.

Auswertung:
Die Friedensdose bildet den Abschluss des Unterrichts oder den Abschluss eines Tages. Ein zusätzliches Feedback oder eine Auswertung erfolgt nicht.

Pädagogische Hinweise:
Bei der *Friedensdose* lernen alle Beteiligten, Konflikte zu benennen und aktiv zu klären. Das ist auch der Grund, warum dieses Ritual gerne im Kindergarten und in der Grundschule praktiziert wird. Auf die Einhaltung einiger Regeln sollte geachtet werden:
Wenn jemand sagt, bei ihm sei alles in Ordnung, so soll das akzeptiert werden. Es ist die Entscheidung jedes Einzelnen, ob er die Chance zur Klärung ergreift.
Wenn sich ein Beteiligter nicht zu einem Konflikt äußern will, so ist es nicht zu akzeptieren. Wird ein Konflikt angesprochen, so ist er dann auch zu diskutieren. Jeder darf sich nur zum eigenen Konflikt äußern.
Wurde ein Konflikt bei der *Friedensdose* beigelegt, so ist er danach erledigt, d.h., er wird auch nicht wieder besprochen.
Fällt einem der „Beschuldigten" keine vernünftige Art der Wiedergutmachung ein, so kann die Lehrkraft etwas vorschlagen.

Arbeiten mit Verstärkern

Das Lob

Die einfachste Form der Verstärkung ist das Lob. Fragt man Lehrkräfte, ob sie loben, bejahen sie stets. Beobachtet man aber ihren Unterricht, stellt man schnell fest: In der Schule ist das Lob eine Speise, die allenfalls in Form von Krümeln vom „Tisch des Herrn" fällt.

Zum Lob existieren auch merkwürdigerweise unterschiedliche Auffassungen. So vertreten manche die Meinung, dass zu viel Lob nur schade. Seit zwanzig Jahren arbeite ich selbst nun mit sehr verhaltensauffälligen Kindern und habe hunderte von ihnen auf ihrem – oft dornenreichen – Weg durch die Schule begleitet. Ich kenne nicht ein einziges Kind, das bei kleinschrittigem Lob sein Verhalten oder seine Leistungen nicht zu verbessern versucht hat.

Schwierige Schüler brauchen positive Bekräftigung. Sie erhalten sozusagen ein Coaching, damit sie leichter lernen, was von ihnen erwartet wird.

Gelobt wird nicht ausschließlich eine besondere Leistung oder ein absolut erwünschtes Verhalten – positiv bekräftigt kann jedes Verhalten werden, das man als richtig bewertet: wenn der Schüler ruhig sitzt, aufzeigt und nicht in die Klasse ruft, ein Arbeitsblatt problemlos ausfüllt, sich mit anderen Kindern verträgt etc.

> Eine junge Lehrerin, die als erste Klasse ein drittes Schuljahr übernommen hat, berichtete mir, wie sie mit schwierigen Kindern umgeht. Sie gibt dem Kind am Schluss des Vormittages die Rückmeldungen, wie es heute im Unterricht geklappt hat: wie die Mitarbeit war, welche Verhaltensweisen schon gelangen etc. Schon nach kurzer Zeit stellte sie fest, dass die Rückmeldungen am Schluss des Schultages zu spät kamen. Das Kind hatte wenig Bezug zu ihnen. Auf Anraten lobte sie in der nächsten Woche immer dann, wenn das Kind erwünschtes Verhalten zeigte. Das Kind reagierte auf das kleinschrittige Lob überprüfbar positiver und veränderte sein Verhalten schneller.

Man lobt also das Kind immer dann, wenn es ein erwünschtes Verhalten zeigt. „Catch them being good" – arbeite mit ihnen, wenn sie etwas richtig machen – sagen amerikanische Pädagogen.

Bild links: Kinder geben mit der Friedensdose ein Feedback

Verstärkerpläne

Verstärkerpläne sind eine bewährte Methode aus der Verhaltenstherapie, die Kinder motiviert und ihnen hilft, gewünschtes Verhalten einzuüben. Sie lässt sich sehr gut in der Schulklasse anwenden.

Für ein vereinbartes Verhalten bekommt das Kind Punkte, die es in einen Plan einträgt. Diese Punkte nennt man Tokens.

Schon die Tokens besitzen einen verstärkenden Charakter, weil sie eine Belohnung versprechen. Sie signalisieren dem Kind, dass es etwas geschafft hat und dass es auf dem richtigen Weg ist.

Ein Verstärkerplan wird eingesetzt, um:

- eine besonders hohe Motivation zu schaffen,
- ein gewünschtes Verhalten schnell aufzubauen,
- und wenn sich andere soziale Verstärker (wie Loben, gutes Zureden etc.) erschöpft haben.

Die ganz große Mehrzahl der Kinder ist bereit, sich entsprechend der Vereinbarungen auf dem Verstärkerplan zu verhalten, weil sie dafür eine bestimmte Belohnung erhalten. Ein in Aussicht gestellter Preis weckt ihre Motivation, auch wenn sie noch nicht die notwendige Einsicht haben. Ihre Einsicht stellt einen späteren Schritt in dem Veränderungsprozess dar.

Die Kinder machen aufgrund ihres positiven Verhaltens neue Erfahrungen – sie werden mehr gelobt und eher akzeptiert – und gelangen so zu der Einsicht, dass dieses neue Verhalten für sie günstiger ist. Zusätzlich zu der materiellen Verstärkung erleben sie, dass sie mit dem neuen Verhalten erfolgreicher sind. Sie erleben soziale Verstärkung durch ihre Umwelt, die positiv auf ihr verändertes Verhalten reagiert.

Das Training mit einem Verstärkerplan gilt als eine Sonderbehandlung, die auch als solche angesehen werden soll. Sie leistet gute Dienste. Sie sollte aber nicht zu früh und auch nicht zu lange eingesetzt werden. Der Verstärkerplan wirkt, weil er in der Klasse etwas Besonderes ist.

Tokens

Punkte, die bei einem Verstärkerplan vergeben werden, heißen Tokens. Tokens sind Ersatzverstärker. Sie stehen zwischen dem erwünschten Verhalten und dem eigentlichen materiellen Verstärker, dem Preis, den das Kind bekommen möchte. Will man nun erreichen, dass ein positives Verhalten häufiger gezeigt wird, so muss man dieses Verhalten möglichst schnell und häufig belohnen. Gibt man beispielsweise einem Kind jedes Mal, wenn es sich meldet – anstatt in die Klasse zu rufen – einen Bonbon, wird sich das Kind mit Sicherheit immer häufiger melden. Bonbons haben jedoch nach kurzer Zeit einen Sättigungseffekt. Die Bonbons schmecken nicht mehr. Durch eine solche Sättigung verliert der Verstärker seinen Reiz und das Kind zeigt schon bald nicht mehr so häufig auf. Bei Tokens passiert dies nicht.

BEISPIEL für einen Verstärkerplan

Tokens haben zwei große Vorteile:

1. Sie wirken verstärkend, ohne dass ein Sättigungseffekt auftritt, obwohl die eigentliche Verstärkung, die Belohnung, nicht sofort gegeben wird.
2. Die Kinder sparen eine bestimmte Menge von Punkten (Tokens) an, um die eigentliche Belohnung zu erhalten. Die Kinder empfinden es schon als positiv und somit verstärkend, Punkte zu erhalten oder aufzumalen.

Tokens sind sozusagen eine „Währung". Was man mit ihnen „kaufen" kann, ist unterschiedlich. Man trainiert so, dass sowohl soziale als auch materielle Verstärker eingekauft werden.

Kinder verstehen das Prinzip der Tokens sofort und haben auch keine moralischen Bedenken. Sie arbeiten sehr gerne mit Tokens.

Auf Elternabenden und auf Lehrerfortbildungen wird der Einsatz von Tokens unter Umständen heftig diskutiert. Immer wieder kommen Fragen wie „Was sagen die anderen Kinder?" und so mancher denkt bei sich „Sollen gerade diese Kinder eine Belohnung bekommen?"

Auch Eltern haben gelegentlich Bedenken, ihre Kinder materiell zu belohnen, wenn sie etwas gut machen. Dies ist umso erstaunlicher, weil beobachtbar ist, dass sie ihren Kindern „zwischendurch" häufig etwas kaufen oder mitbringen. Sie geben hierfür relativ viel Geld aus.

Materielle Verstärker wirken immer. Sie sprechen besonders gut unruhige und schwierige Kinder an. Sie führen schnell zu Veränderungen. Wenn „nichts mehr geht", ermöglichen sie oft noch einen Zugang zu dem Kind.

Für Lehrkräfte gilt, nur dann mit Tokens zu arbeiten, wenn sie dies auch persönlich akzeptieren können.

Vorgehen

Was soll trainiert werden?

Eine ausgewählte Verhaltensweise muss:

- sinnvoll sein,
- jeden Tag mehrfach auftreten,
- klar, präzise und positiv formulierbar sein.

Lehrkraft und Kind überlegen gemeinsam, welches Verhalten trainiert werden soll.

Man wählt nur eine Verhaltensweise aus, sonst besteht die Gefahr, sich zu verzetteln.

„Ich räume meine Sachen nach der Stunde in meinen Ranzen" stellt eine geeignete Verhaltensweise dar. Sie tritt mehrmals am Tag auf.

„Ich lasse meine Eltern eine Mitteilung der Schule unterschreiben" ist keine geeignete Verhaltensweise, weil sie zu selten gefordert ist.

Eine besondere Bedeutung kommt der positiven Formulierung zu.

„Nicht"-Formulierungen sind ungünstig, weil sie das benennen, was das Kind unterlassen soll, nicht aber das, was es eigentlich tun soll.

„Ich renne nicht durch die Klasse" heißt besser formuliert „Ich kann auf meinem Platz sitzen bleiben". Dann weiß das Kind, was von ihm erwartet wird.

Beispiele für in der Klasse trainierbare Verhaltensweisen:

- Ich warte ab, bis ich an der Reihe bin.
- Ich nenne jedes Kind bei seinem Vornamen.
- Ich melde mich, wenn ich etwas sagen möchte.
- Ich lasse die anderen ausreden.
- Ich bleibe auf meinem Platz sitzen.
- Ich gebe mir Mühe, auch wenn die Aufgabe mich anstrengt.
- Ich schreibe meine Hausaufgaben in mein Hausaufgabenheft.
- Ich bringe meine Materialien mit in die Schule.
- Wenn meine Lehrerin mir ein Zeichen gibt, beginne ich zu arbeiten.
- etc.

Eine Grundrate erheben

Zunächst beobachtet man, wie häufig ein Kind ein bestimmtes Verhalten zeigt. Man nennt dies auch eine Grundrate erheben.

- Wie oft innerhalb einer Schulstunde rennt das Kind herum?
- Wie häufig zeigt es auf oder ruft es in die Klasse?
- Wie oft hat es keine Materialien dabei?
- etc.

Hieraus leitet man ein sinnvolles Trainingsziel ab. Also etwas, das man dem Kind tatsächlich zumuten kann. So formuliert man z.B. „Ich bleibe auf meinem Platz sitzen. In der ersten Woche versuche ich zehn Minuten sitzen zu bleiben."

Man wählt das Trainingsziel so, dass es das Kind unschwer erreichen kann.

Wie funktioniert ein Verstärkerplan?

René

René war ein Junge, der mir in der Klasse 5 viele Probleme machte. Er war sehr unruhig und nur schwer zu strukturieren. Aber am meisten eckte er bei allen Kollegen an, weil er so gut wie nie seine Hausaufgaben machte. Jedes Mal hatte er eine „dumme" Ausrede, sodass alle Kollegen schon zu Beginn der Stunde angestrengt und entnervt waren. Dies wirkte sich auf das Klassenklima negativ aus.

So beschloss ich, für ihn einen Verstärkerplan einzusetzen.

Zunächst erhielt er den Auftrag ein Hausaufgabenheft mitzubringen. Zwei Wochen lang passierte nichts, dann brachte er schließlich ein Musikheft mit, das sich als völlig ungeeignet erwies. Ich selbst wurde immer ungeduldiger und kaufte schließlich ein Hausaufgabenheft, um endlich mit geeigneten Materialien das Training beginnen zu können.

René musste die Hausaufgaben eintragen, von den Lehrern jede Stunde abzeichnen lassen und erhielt für alle Stunden, in denen ihm dies gelang, einen Punkt.

Auf seinem Verstärkerplan stand:

„Ich schreibe alle Hausaufgaben auf. Für jede notierte Hausaufgabe erhalte ich einen Punkt."

Nun unterschrieben wir beide die Vereinbarung und bestätigten durch unsere Unterschrift, dass sich jeder von uns an die Vereinbarung hält. Du schreibst die Hausaufgaben auf und ich sorge dafür, dass du für deine Punkte auch die von dir gewünschte Belohnung erhältst.

Er notierte jetzt die Hausaufgaben sehr genau und freute sich über seine Punkte. Nach sechs Wochen klappte es schon sehr gut.

Das Interessante war, dass er auch die Mehrzahl seiner Hausaufgaben anfertigte, obwohl mit ihm lediglich das Aufschreiben vereinbart war.

Sein Verhalten den Lehrkräften gegenüber verbesserte sich ebenfalls.

Der Plan, in den das Kind seine Punkte einträgt, sollte ansprechend gestaltet sein. Beliebt sind lustige Motive auf buntem Papier. Ein Verstärkerplan sollte mindestens DIN-A3-Format haben.

Es empfiehlt sich, den Plan aufzuhängen, damit die Kinder jederzeit einen Überblick über ihren Punktestand haben.

Vor allem bei jüngeren Kindern gibt man für ein erwünschtes Verhalten nie nur einen Punkt, sondern mehrere Punkte.

Materielle Verstärker

Besonders reizvoll ist der Einsatz der goldenen Kiste. So macht das Arbeiten mit dem Verstärkerplan viel Spaß. Die goldene Kiste ist eine Schatztruhe. Sie ist verschlossen und enthält immer Begehrenswertes. Befinden sich die Belohnungen in einer verschlossenen Kiste, kann man z.B. vereinbaren, dass die Kinder nach fünf Punkten einen Blick in die Kiste werfen dürfen. Es darf aber nicht darin gewühlt werden. Nach weiteren fünf Punkten, dürfen sie sich einen Gegenstand namentlich reservieren lassen. Hat das Kind genügend Punkte zusammen, kann es sich seinen Preis nehmen.

Als materielle Verstärker eignen sich besonders Dinge, die ein Kinderherz begehrt. Es sind meistens Artikel, die bei den Erwachsenen nicht annähernd so viel Begeisterung auslösen.

Attraktive Preise sind, je nach Alter der Kinder: Wasserpistolen, Aufkleber, Scherzartikel, Schleim, Mützen, Taschenlampen, elektronische Spielsachen, Fanartikel von Fußballmannschaften, Jojos, Bälle, Flummis etc.

Weniger beliebt ist so genanntes „pädagogische Spielzeug". Auch Bücher werden nur selten gewählt. Süßigkeiten eignen sich nicht, da schnell ein Sättigungseffekt eintritt. Außerdem reagieren z.B. manche Kinder mit Konzentrationsschwierigkeiten bzw. ADHS auf Zucker ungünstig, weil sie dann noch unruhiger werden.

Auswirkungen

Jedes Kind erhält durch einen Verstärkerplan viel positive Zuwendung. Die entnervenden Ermahnungen haben ein Ende. Das Kind erlebt: „Ich kann etwas, ich mache etwas richtig. Meine Lehrerin ist mit mir zufrieden."

Auch die Lehrkraft sieht das Kind in einem positiveren Licht. Es fällt ihr jetzt viel leichter, auch einmal ein Lob auszusprechen. Sie findet einen neuen Zugang zu dem Kind und ist ermutigt, sich für das Kind einzusetzen. Ihre Bemühungen werden von dem Kind registriert. Es verhält sich jetzt auch in anderen Bereichen so, dass es von seiner Lehrerin gelobt werden kann.

Auch die anderen Kinder profitieren von diesen positiven Veränderungen, weil ihre Lehrerin weniger angespannt ist.

Befürchtungen, Kinder würden nur noch dann etwas tun, wenn sie dafür „bezahlt" werden, haben sich als unbegründet herausgestellt.

Probleme mit dem Verstärkerplan

Das Training mit dem Verstärkerplan funktioniert nicht, wenn:

- eine Aufgabe zu schwer ist,
- das Trainingsziel zu hoch angesetzt wurde,
- die Preise zu teuer sind,
- klare Vereinbarungen „verwässert" werden,
- aus dem Belohnungssystem ein Bestrafungsinstrument gemacht wird,
- andere Verstärker besser wirken,
- beim Kind Störungen vorliegen, die besser durch eine Psychotherapie behandelt werden.

> **Hausaufgabenfrei ...**
>
> In einer großen Gesamtschule entwarfen die Lehrkräfte einen Verstärkerplan für alle Kinder, um zu erreichen, dass sie nach der Pause ordentlich, ohne Drängen und Schubsen, in Zweierreihen, in die Klasse gingen. Jeder, dem dies gelang, erhielt ein Sternchen. Man konnte sich zehn Sternchen verdienen und erhielt dafür am Freitag hausaufgabenfrei oder eine andere kleine Belohnung. Die meisten Kinder erhielten jede Woche ihre Sternchen, weil sie mit dem Hineingehen keine Probleme hatten. Wer drängte, schubste oder am Schluss der Pause nicht bei seiner Klasse stand, bekam ein Sternchen abgezogen. Die „Wilden" – für die der Verstärkerplan eigentlich eingerichtet worden war – verloren oft ihre Sternchen. So hatten sie montags und dienstags vier Sternchen gesammelt und verloren am Mittwoch wieder zwei. Das Ergebnis war: sie machten nicht mehr mit und benahmen sich noch schlechter als vorher. Das Belohnungssystem war zum Bestrafungssystem geworden, weil Kinder Punkte, die sich vorher mühsam verdient hatten, verloren.

In der Regel ist es sinnvoller, mit den Kindern sehr kleinschrittig zu trainieren. Das Verhalten nach der Pause würde sich bestimmt verbessern, wenn man den Kindern die einmal erreichten Punkte lässt.

Wenn ein Kind die Aufgabe nicht bewältigt, lässt es in seinen Anstrengungen schnell wieder nach. Manche Kinder haben ein geringes Selbstbewusstsein. Sie denken: „Das schaffe ich sowieso nicht." oder sie sind der Auffassung: „Wahrscheinlich bekomme ich die Belohnung sowieso nicht. Es ist eine der Versprechungen, an die sich Erwachsene später nicht mehr erinnern. Warum strenge ich mich überhaupt an?"

BILD LINKS: Die Leckmaschine gehört zu den beliebtesten Preisen bei Schülern jeglichen Alters. Man steckt den Lolli in den Mund, schaltet die Leckmaschine an und muss den Lolli nicht selbst drehen. Die Maschine besorgt dies in der richtigen Geschwindigkeit. Als ich meine erste Leckmaschine als Preis vorführte, saß eine Gruppe von fünfzehn Jungen aus dem dritten Schuljahr vor mir. Sie starrten wie gebannt auf die Leckmaschine, verfolgten fasziniert, dass sie sich in meinem Mund drehte und kommentierten wie aus einem Mund – fast ehrfürchtig: „O Gott, wie praktisch."

Solche Gedanken sind für Kinder und Jugendliche nicht ungewöhnlich, wenn ihr Alltag aus vielen Misserfolgen, Enttäuschungen und Frustrationen besteht.

Vor allem jüngere Kinder überprüfen, ob sie die versprochenen kleinen Preise auch erhalten. Sie sind nicht ganz sicher, ob sich die Lehrkraft auch an die Abmachungen hält. Sobald sie genügend Punkte haben, wollen sie etwas eintauschen. Oft kommt es dann zu den ersten Schwierigkeiten, weil die Preise nicht verfügbar sind. Sind die kleinen Preise überhaupt nicht attraktiv, erhöht dies keinesfalls die Motivation der Kinder. Kostet ein nicht so attraktiver Preis zu viele Punkte, sind Kinder am Eintauschen nicht interessiert.

Für Lehrkräfte

Wer mit Verstärkerplänen arbeitet, sollte folgendes beachten:
1. Materielle Verstärker dürfen nicht viel kosten.
2. Die Arbeit mit Verstärkersystemen sollte nur einen geringen Teil der Unterrichtszeit ausmachen.
3. Verstärkerpläne müssen einfach und für Kinder sofort nachvollziehbar sein.
4. Die Rückmeldung über eine gelungene Verhaltensweise oder zu Lernfortschritten muss stets sofort erfolgen. Ungünstig ist, wenn nach einer längeren Zeitspanne zusammenfassend über ein Verhalten gesprochen wird und erst dann eine Rückmeldung erfolgt.

Unterschiedliche Verstärker

Unterschiedliche Verstärker motivieren Schüler zusätzlich. Das bedeutet, dass nicht ausschließlich mit Verstärkerplänen und Punkten gearbeitet wird, sondern dass man natürlich auch

- verbal lobt,
- eine Medaille gibt,
- Notizen in das Hausaufgabenheft macht,
- einen positiven Brief nach Hause schreibt,
- eine besondere Belobigung vor der Klasse ausspricht,
- hausaufgabenfrei gewährt,
- eine gute Note einträgt etc.

Belohnungskarten

Neben dem Einsatz von Tokens und Verstärkerplänen hat sich auch das Verwenden von Belohnungskarten als erfolgreich erwiesen.

Man benutzt hierzu Karten in der Größe von Spielkarten. Die Karten werden wie beim Kartenspiel auf der Hand gehalten. Nun zieht ein Kind aus z.B. zehn Karten eine heraus. Auf der Karte steht, welche Belohnung das Kind erhält:

1. einmal hausaufgabenfrei,
2. einen Radiergummi,
3. einen Lolli,
4. ein Spiel für die ganze Klasse,
5. einen Klassenausflug,
6. einen Kinderfilm,
7. ein Ballspiel auf dem Hof,
8. ein Gruppenspiel in der Klasse,
9. ein Getränk für jeden,
10. ein Klassenfest für alle.

Es ist auch möglich, Verstärker als „stille Botschaft" zu verteilen. Man druckt sie auf eine Karte und händigt sie dem Schüler aus. Dies hat den Vorteil, dass die Lehrkraft sich selbst im Unterrichten nicht unterbrechen muss. Sie hat einige dieser Karten zur Verfügung und legt sie auf das Pult einzelner Schüler.

Man kann die stille Botschaft nach der Stunde noch einmal aufgreifen und den Schüler dazu befragen, z.B. „Warum denkst du, dass ich gerade diese Karte auf dein Pult gelegt habe?"

Lobkarten können folgendermaßen konzipiert sein:
1. Lobkarte (mit einem konkreten Lob),
2. Lobkarte mit Lob und Telefon (das Lob wird zusätzlich telefonisch an die Eltern weitergegeben),
3. Lobkarte mit Lob und Brief (die Eltern erhalten einen Brief mit dem Lob).

Rückmeldung von der Lehrkraft

Beim Feedback muss klar werden, dass die Lehrkraft selbst auch hinter der Rückmeldung steht. Der Schüler hat das Gefühl, dass sie sich freut ein solches Feedback zu geben. Sie ist stolz auf die Verbesserung des Verhaltens, der Leistung. Sie verdeutlicht, dass sie sich mit dem Kind darüber freut.

Verbale Verstärker

Man achte darauf, im Unterricht kurze verbale Verstärker auszusprechen („Schön", „Gut", „Super" etc).

Eventuell gibt man entsprechende Hinweise: „Prima, dass du dein Buch ohne Aufforderung herausgenommen hast." – „Gut. Du hast deine Hausaufgaben vollständig erledigt." – „Super. Du hast jetzt dreißig Minuten angestrengt aufgepasst und dich prima beteiligt." etc.

Manchmal möchte man keine Verstärkung aussprechen, dann reicht oft ein Signal: dem Kind zulächeln, ihm freundlich zunicken, ihm auf die Schulter klopfen, Daumen nach oben halten, anerkennend nicken etc.

Beteiligung der gesamten Klasse

Arbeitet man mit einem Kind oder Jugendlichen mit einem Verstärkerplan, bietet es sich an, die gesamte Klasse zu beteiligen.

Wenn Kinder sehen, dass andere mit Tokens trainieren, möchten viele dies natürlich auch einmal machen. Sie wollen auch gern einmal einen kleinen Preis erlangen.

Bestimmte Verhaltensweisen lassen sich grundsätzlich in jeder Klasse praktizieren. Jedes Kind führt einen eigenen Punkteplan.

Es erhält jeweils einen Punkt,
1. wenn es eine Aufgabe in der angegebenen Zeit zu Ende führt,
2. wenn es während der Tages- oder Wochenplanarbeit anderen hilft,
3. wenn es sich an den Arbeitsdiensten der Klasse beteiligt (Fegen, Papier sammeln usw.),
4. wenn es in der Klasse ein besonders gutes soziales Modell ist,
5. wenn es in einer bestimmten Stunde ein besonders gutes Verhalten gezeigt hat.

Belohnung für alle

Die meisten Klassen wünschen sich eine Spielstunde für alle als Belohnung. Sie können dann auch sehr gut damit umgehen, wenn ein Verstärkerplan nur mit einem Kind gemacht wird und nicht mit der ganzen Klasse. So wissen sie, wenn z.B. Dennis auf seinem Verstärkerplan zwanzig Punkte erreicht hat, gibt es eine Spielstunde für die ganze Klasse.

Mit einer solchen Spielstunde erreicht die Lehrkraft

- eine Verbesserung des Klassenklimas,
- eine höherer Motivation für den Unterricht,
- soziale Lernprozesse unter den Kindern,
- eine Abwechslung im gelegentlich eintönigen Schulalltag,
- große persönliche Akzeptanz bei den Kindern ihrer Klasse.

BELOHNUNGSSPIELE

Viele Lehrkräfte haben Schwierigkeiten entsprechende Spiele vorzuschlagen bzw. durchzuführen, weil sie keine kennen.

Deshalb erfolgt hier eine Auswahl von zehn besonders beliebten Spielen, mit denen man mehrere Spielstunden gestalten könnte. Für die Mehrzahl von ihnen benötigt man kaum Materialien. Sie sind alle in zahllosen Klassen erprobt, Erfolg ist garantiert.

Setzt man dann zusätzlich kleine Preise – wie Lollis, Sticker etc. – ein, gewinnt man mit Sicherheit die Herzen aller Kinder.

1. Lehmann sagt

Ziel:
Die Kinder trainieren, auf die Lehrkraft zu achten und ihr zuzuhören.

Alter:
ab sechs Jahren

Material:
keines

Dauer:
fünf bis zehn Minuten; beliebig viele Teilnehmer

Durchführung:
Die Schüler sitzen an ihren Plätzen oder im Kreis.
Es gibt drei Kommandos:
Lehmann sagt: Daumen wickel-wackel. Dabei drücken alle mit den Daumen auf die Oberschenkel und wackeln mit ihnen auf dem jeweiligen Oberschenkel hin und her.
Lehmann sagt: Daumen hoch. Alle strecken ihre Arme nach oben und halten die Daumen dabei in die Luft.
Lehmann sagt: Daumen tief. Die Arme und Daumen zeigen nach unten.
In einer Proberunde übt die Klasse die Kommandos ein.
Danach wird es ernst: Die Lehrkraft gibt die Kommandos und die Schüler führen sie aus.
Manchmal lässt sie die Formel *Lehmann sagt* weg. In diesen Fällen dürfen die Schüler das Kommando nicht ausführen. Tun sie es doch, scheiden sie aus.
Der Spielleiter macht natürlich bei jedem Kommando – egal ob mit *Lehmann sagt* oder ohne – mit. Wer am Schluss übrig bleibt, hat gewonnen.

Variante:
Lehmann sagt – sportlich!
Hier gibt es wieder drei Kommandos:
Lehmann sagt: Sitz' auf dem Stuhl,
Lehmann sagt: Steh' vor dem Stuhl und
Lehmann sagt: Steh' auf dem Stuhl.
Diese Variante erfreut sich bei den Kindern hoher Beliebtheit. Für die Anleiter ist sie sehr anstrengend, da jedes Kommando mitgemacht werden muss. Schuhe sollten auf jeden Fall ausgezogen werden.

Pädagogische Hinweise:
In diesem Spiel trainieren die Kinder spielerisch das genaue Hinschauen und Hinhören.

BILD LINKS: Belohnungsspiele erhöhen die Motivation zu lernen.

Zu Beginn achten die Schüler sehr genau darauf, was die Lehrkraft macht. Nach einiger Zeit stellen sie aber fest, dass ihnen so eher Fehler unterlaufen. Deshalb nehmen sie keinen Blickkontakt mehr auf, sondern fixieren sich auf die Stimme und führen das aus, was gesagt wird. Wer wünscht sich dies nicht für seinen Unterricht?

2. Spiegelspiel

Ziel:
Die Kinder üben sich darin, andere sehr genau zu beobachten.

Alter:
ab sechs Jahren

Material:
Lolli, o. Ä. als „Spiegel"

Dauer:
zehn Minuten; beliebig viele Teilnehmer

Durchführung:
Zwei Schüler stellen sich einander gegenüber auf. Zwischen ihnen liegt ein Lolli. Dieser ist der „Spiegel".
In einigen Metern Entfernung (nicht zu nah) steht als Mal ein Stuhl. Beide Spieler stehen sich gegenüber. Derjenige, der näher zum Mal steht, befindet sich vor dem Spiegel. Der andere steht hinter dem Spiegel und ist das Spiegelbild. Er muss alles nachmachen, was sein Gegenüber vorspielt.
Irgendwann muss der Vorspieler den Lolli ergreifen, schnell zum Mal laufen, ohne dass ihn der zweite Spieler abschlagen kann. Deshalb versucht er komplizierte Figuren zu spielen, damit er – während der andere noch nachspielt – schnell zum Mal rennen kann. Der Gewinner fordert ein neues Kind auf.
Wer dreimal gewinnt, erhält den Lolli.

Pädagogische Hinweise:
Es gibt immer Kinder, die besser vor- oder nachspielen können. Die Entscheidung, wer vor und wer hinter dem Spiegel steht, sollen immer die Kinder selbst treffen – nie die Lehrkraft. So lernen Schüler, Kompromisse zu schließen, sich untereinander zu einigen und Lösungen zu akzeptieren. Die Jüngeren lassen in der Regel den Zufall entscheiden (sie würfen oder knobeln etc.).
Das Spiegelspiel kann auch bei Jugendlichen problemlos gespielt werden. Sie finden oft sehr kreative Lösungen.

3. Japanisch Knobeln

Ziel:
Man übt vor allem, klare Regeln und Strukturen einzuhalten.

Alter:
ab sechs Jahren

Material:
keines; evtl. eine kleine Belohnung (Lolli oder einmal Hausaufgabenfrei)

Dauer:
zehn Minuten; beliebig viele Teilnehmer

Durchführung:
Zwei Schüler knobeln vor der Klasse.
Es gibt drei mögliche Figuren, die pantomimisch vorgeführt werden:
  der Löwe: Der Spieler faucht und hält dabei die Hände wie zwei Tatzen vor das Gesicht.
  der Jäger: Er hält ein Gewehr im Anschlag.
  die Oma: Sie geht auf einen Stock gebückt und hält sich dabei das Kreuz.
Bevor die Spieler gegeneinander knobeln können, müssen sie sich voreinander aufstellen und die Arme verschränken. Auf ein Signal hin verbeugen sie sich, drehen sich um die eigene Achse, spielen eine Figur.
Trifft der Löwe auf die Oma, gewinnt der Löwe. Trifft der Jäger auf den Löwen, erschießt er ihn. Trifft der Jäger auf die Oma, siegt die Oma, weil sie den Jäger mit dem Krückstock verjagt. Außerdem ist jedem Kind klar, dass die Oma nicht erschossen wird.
Der jeweilige Gewinner bleibt im Spiel und fordert ein anderes Kind/einen anderen Jugendlichen auf.
Wer dreimal gewinnt, erhält eine kleine Belohnung.

Pädagogische Hinweise:
Bei diesem Spiel trainiert man vor allem, Abläufe regelhaft genau einzuhalten. Deshalb kann es für Kinder eine Hilfe sein, wenn man ihnen verbal eine Hilfe gibt: „Verbeugen, drehen (jeder Spieler einmal um sich selbst), Spiel!" Wenn Kinder die gleiche Figur spielen, wird so lange wiederholt, bis einer gewinnt.

4. Lebende Mühle

Ziel:
Die Schüler üben taktisches Denken und konzentrieren sich.

Alter:
ab zehn Jahren

Material:
neun Stühle

Dauer:
fünfzehn Minuten; zwei Gruppen mit jeweils drei Spielern gegeneinander

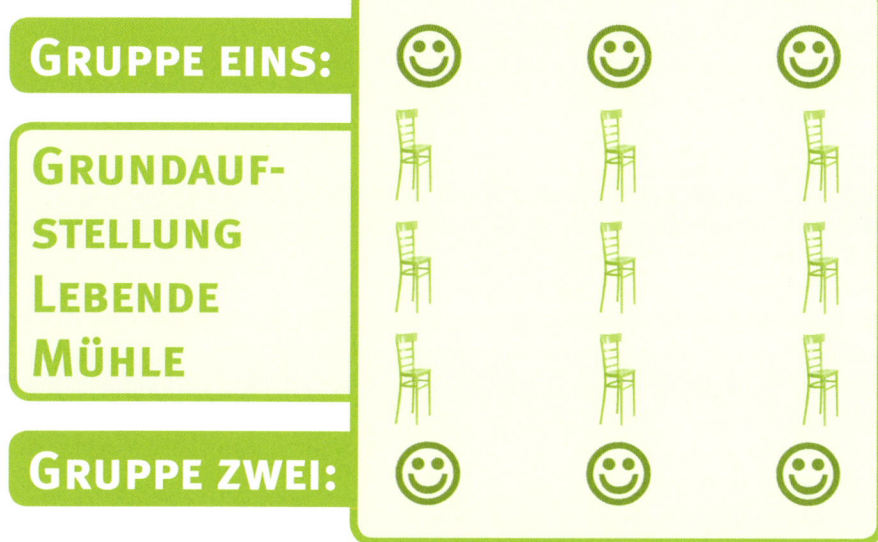

Durchführung:
Neun Stühle werden in Dreierreihen aufgestellt. Zwei Parteien mit je drei Mitspielern stellen sich einander gegenüber auf.
Wer anfängt, kann ausgelost werden.
Spieler eins der ersten Mannschaft setzt sich auf einen Stuhl. Jetzt ist der Spieler eins der Gegenmannschaft an der Reihe. Er setzt sich ebenfalls auf einen Stuhl, und so geht es im Wechsel weiter.
Jede Mannschaft versucht, durch Besetzten von drei Stühlen nebeneinander, hintereinander oder in der Diagonale eine Mühle zu erhalten und das Spiel für sich zu entscheiden.
Die Reihenfolge der Spieler beider Parteien muss unbedingt eingehalten werden. Die Spieler können sich beraten, wie sie „ziehen" – bzw. wie sie sich setzen wollen.
Bei zwei gleichgeschlechtlichen Mannschaften empfiehlt es sich, die Spieler der einzelnen Mannschaften mit einem farbigen Zettel zu kennzeichnen. Sonst gibt es leicht Diskussionen, wer gerade an der Reihe ist.

Pädagogische Hinweise:
Das Spiel ist bei Schulklassen besonders beliebt. Jugendliche machen es sehr gern.

5. Luftballonhandball

Ziel:
Die Schüler kooperieren miteinander und lernen gemeinsam gewinnen und verlieren zu können.

Alter:
ab sechs Jahren

Material:
Schnur, Luftballons

Dauer:
fünfzehn Minuten; sechs bis acht Spieler in zwei Gruppen

Durchführung:
Zwei Gruppen mit jeweils sechs bis acht Spielern setzen sich einander gegenüber. Die Füße der beiden Gruppen berühren sich. Zwischen den Gruppen – und über den Füßen – ist eine Schnur in ungefähr 1 m Höhe gespannt.
Der Luftballon wird sozusagen als „Faustball" der anderen Mannschaft zugespielt. Kein Spieler darf aufstehen oder den Platz verlassen.
Jeder darf sich aber so weit wie möglich zurücklehnen ohne den Kontakt zu den

Füßen des Gegenübers zu verlieren. Fällt der Luftballon hinter einer Mannschaft zu Boden und ist nicht mehr erreichbar, so zählt dies für die andere Mannschaft als Tor. Luftballons, die seitwärts oder unter der Schnurr hindurch geschossen werden, führen zu einem Einwurf.

Es ist günstig, bis zu drei Toren zu spielen, damit auch alle Kinder drankommen.

Pädagogische Hinweise:

Bis zum Alter von vierzehn Jahren erfreut sich das Spiel großer Beliebtheit. Das Treiben des Luftballons erfordert zwar eine gewisse Geschicklichkeit, aber es ist auch viel Glück dabei, ein Tor zu erzielen. Kinder, die nicht ganz so sportlich sind, haben hier Chancen.

6. Pferderennen

Ziel:
Das Pferderennen ist ein sehr kooperatives Spiel und baut durch seine Dynamik viel Spannung ab.

Alter:
sechs bis zwölf Jahre

Material
keines

Dauer:
fünf bis zehn Minuten; beliebig viele Teilnehmer (mindestens sechs)

Durchführung
Die Schüler durchleben ein spannendes Pferderennen.
Die ganze Klasse kniet sich in einem engen Kreis auf den Boden. Die Lehrkraft gibt die Anweisung, Kommandos und Bewegungen nachzumachen.
Sie beschreibt, wie hunderte von Menschen auf den Tribünen sitzen und den Beginn des Rennens mit Spannung erwarten. Dann geht es los: *„Die Pferde sind nervös und warten noch in der Startbox. Dabei scharren sie mit den Hufen über die Erde."* (Alle scharren mit ihren Händen auf den Knien.) *„Plötzlich kommt der Startschuss und die Pferde rennen los."* (Jeder trommelt mit seinen Händen auf die Oberschenkel.) *„Nach ein paar Metern sehen sie bereits das erste Hindernis. Die Pferde setzen zum Sprung an und hüpfen darüber."* (Lehrkraft und Schüler deuten mit den Händen an, über ein Hindernis zu springen.) *„Es geht weiter."* (Alle trommeln wieder auf die Oberschenkel.) *„Und da kommt die erste Rechtskurve."* (Der Kreis beugt sich nach rechts...) *„Und sofort eine Linkskurve."* (... und gleich darauf nach links.) *„Die Pferde kommen nicht zur Ruhe, denn da ist schon der gefürchtete Wassergraben,..."* (Alle patschen mit den Händen auf den Fußboden und machen dabei schmatzende Geräusche.) *„... gefolgt von der morschen Holzbrücke."* (Jeder trommelt sich mit den Fäusten auf die Brust.) *„Dahinter sitzt die erste jubelnde Fangemeinde: Die Frauentribüne."* (Die Gruppe wedelt mit den Armen über den Kopf und johlt dabei schrill.) *„Und dann die zweite: Die Männertribüne."* (Johlen mit tiefer Stimme.) *„Jetzt gleich haben es die Pferde geschafft: Die Zielgerade ist vor Augen und sie werden immer schneller..."* (Schnelleres Trommeln auf den Oberschenkeln.) *„... laufen durch das Ziel und stellen sich zum Siegerfoto auf."* (Die Kinder erstarren, schauen in eine fiktive Kamera, winken und sagen „Cheeeeese!")

Pädagogische Hinweise:
Das Spiel lebt durch die Anleitung. Der Spielleiter beschreibt die Situation besonders spannend und muss die Schüler für das Pferderennen begeistern.

Die Kinder üben sich im genauen Beobachten und Hinhören. Bei den Kurven müssen sie gut kooperieren, damit niemand aus der Balance gerät.

7. Dirigentenraten

Ziel:
Die Schüler üben sich im genauen Beobachten und schulen ihre Kreativität.

Alter:
ab acht Jahren

Material:
keines

Dauer:
fünf bis zehn Minuten; beliebig viele Teilnehmer

Durchführung:
Die Klasse sitzt im Kreis. Ein Schüler geht kurz vor die Tür. Wenn er wieder hereinkommt, erfährt er, dass hier im Kreis ein berühmtes Orchester sitzt. Seine Aufgabe ist es, den Dirigenten zu finden.

Der stumme Dirigent gibt pantomimisch vor, welches Instrument gespielt werden soll. Natürlich darf nun nicht jeder nach dem Dirigenten schielen, dann hätte es der Ratende zu leicht. Jeder beobachtet den Dirigenten ganz unauffällig. Dieser beginnt z.B. damit, auf dem Klavier zu spielen, bläst dann nach einiger Zeit die Zugposaune und alle machen mit. Man kann auf die Pauke hauen, sämtliche Streichinstrumente spielen, Flöte oder Dudelsack spielen usw.

Wichtig ist, dass der Wechsel unauffällig geschieht. Ist der Dirigent erraten, kann das nächste Kind vor die Tür gehen. Ein neuer Dirigent wird ausgesucht und das Raten beginnt erneut.

Pädagogische Hinweise:
Das Dirigentenraten ist ein ruhiges und konzentriertes Spiel. Die Kinder bemühen sich sehr, den Dirigenten unauffällig zu beobachten.

In Trainingsgruppen hat es sich bewährt, solche Spiele immer dann einzubauen, wenn es sehr unruhig wird (z.B. bei einer Party). Durch ruhige Spiele erreicht man, dass sich der Lärmpegel nicht zu sehr aufschaukelt.

8. Zeitungsabschlagen

Ziel:
Die Kinder bauen Spannungen ab und trainieren Geschicklichkeit und ihr Reaktionsvermögen.

Alter:
ab acht Jahre

Material:
eine zusammengerollte Zeitung (mit Klebeband oder Bindfaden umwickelt)

Dauer:
zehn Minuten; beliebig viele Teilnehmer

Durchführung:
Die Klasse sitzt im großen Kreis. In der Mitte steht ein leerer Stuhl. Ein Schüler beginnt und geht mit der Zeitungsrolle in der Hand umher. Schließlich gibt er einem Kind mit der Zeitung einen Schlag auf die Knie oder die Schultern, rennt zu dem leeren Stuhl und legt die Zeitung dort ab. Er versucht so schnell wie möglich den frei gewordenen Stuhl seines Gegners zu erreichen. Währenddessen springt der Abgeschlagene auf und bemüht sich, die Zeitung vom Stuhl zu nehmen und den anderen abzuschlagen, bevor dieser sich setzt.

Gelingt ihm dies, bleibt er im Kreis sitzen und der andere muss sich einen neuen Gegenspieler suchen.

Gelingt es ihm nicht, den Davoneilenden abzuschlagen, muss er selbst einen Gegenspieler suchen.

Pädagogische Hinweise:
Das Spiel ist außerordentlich beliebt und lebt besonders von seiner Schnelligkeit. Überlegt ein Kind in der Mitte zu lange, geht Spannung verloren. Deshalb kann es notwendig sein, dass man ein solches Kind austauschen muss, damit der Spaß erhalten bleibt.

Die Schläge mit der Zeitungsrolle sollen nicht zu fest sein.

Wichtig: Die Zeitung darf erst genommen werden, wenn sie auf dem freien Stuhl liegt. Fliegt sie auf den Boden, muss sie erst auf den Stuhl zurückgelegt werden.

9. Schrubber-Hockey

Ziel:
Die Schüler bauen Spannungen ab, trainieren ihre Geschicklichkeit und üben sich im genauen Hinhören.

Alter:
ab acht Jahre

Material:
zwei Schrubber-Stöcke *(unbedingt nach Holzsplittern abtasten!)*, ein fester Putzlappen

Dauer:
zehn bis fünfzehn Minuten; beliebig viele Teilnehmer

Durchführung:
Zwei Mannschaften sitzen sich in zwei Stuhlreihen gegenüber. Der Abstand beträgt etwa zwei bis drei Meter.

Jede Gruppe wird von links nach rechts durchgezählt. Die Kinder merken sich ihre Nummern.

An den beiden Enden der Stuhlreihen stellt man einen Stuhl auf, der das Tor ist. An beiden Stühlen lehnt ein Schrubber. Der Putzlappen liegt in der Mitte des Spielfeldes.

Jede Mannschaft bekommt einen Schrubberstab zugewiesen. Sie spielt auf das jeweils gegenüberliegende Tor.

Die Lehrkraft ruft eine Zahl. Die Kinder beider Mannschaften, denen diese Zahl zugeteilt ist, spielen gegeneinander. Wer den Putzlappen in das gegnerische Tor befördern kann, gewinnt und erhält für seine Mannschaft einen Punkt.

Alle Zahlen sollten mindestens einmal aufgerufen werden.

Varianten:
• Zwei ungleiche Nummern spielen gegeneinander.
• Die Mannschaften bestimmen Vertreter, die gegeneinander antreten.

Pädagogische Hinweise:
Schrubberhockey spielen Kinder und Jugendliche aller Altersstufen gerne, weil es richtig zur Sache geht, man geschickt und flink sein muss und zeitweise höchste Spannung im Publikum herrscht.

BILD RECHTS: Schrubber-Hockey gehört zu den beliebtesten Spielen bei Kindern und Jugendlichen.

10. Löffelkönig

Ziel :
Die Schüler lernen, genau hinzuhören und schnell und geschickt zu reagieren.

Alter:
ab acht Jahre

Material:
ein Löffel weniger als Mitspieler

Dauer:
fünfzehn Minuten; zehn bis fünfzehn Teilnehmer

Durchführung:
Die Spieler knien sich in einem Kreis auf den Boden und verschränken die Arme hinter dem Rücken. In der Mitte des Kreises liegen strahlenförmig ausgebreitet die Löffel.

Die Lehrkraft erzählt eine Geschichte und immer, wenn sie das Wort Löffel erwähnt, müssen alle zugreifen. Wer keinen Löffel erwischt, scheidet aus.

Nach jeder Runde nimmt der Spielleiter einen Löffel weg.

Natürlich sollte die Geschichte auch Wörter enthalten, bei denen die Spieler das Wort Löffel vermuten (z.B. *Lötkolben, Löwe, Lösegeld, Löschung, Löcher,* usw.). Dadurch werden sie verwirrt, das Spiel wird spannender und bekommt einen zusätzlichen Reiz.

Geschichte für dreizehn Kinder mit zwölf Mal *Löffel*:

Heute Morgen aß ich mein Frühstücksei mit einem **_Löffel_** und hörte im Radio, dass in der Stadt ein **Lö**-we entlaufen sei. „Meine Güte" dachte ich, „und das gerade hier in **Lö**-tzingen." Na ja, ich legte den **_Löffel_** zur Seite und ging vor die Tür. In meiner Tasche hatte ich den **Lö**-tkolben, denn ich wollte den **_Löffel_** aus Silber von Frau **Löff**-ler reparieren. Plötzlich hörte ich hinter mir ein **lö**-wiges Fauchen und lies fast den **_Löffel_** aus meiner Hand fallen. „Na prima!" sagte ich zu mir, „der einzige **Lö**-we, der Ohren wie **_Löffel_** hat, begegnet ausgerechnet mir. Und ich habe nur einen **_Löffel_** zur Verteidigung." Ich zückte also meinen **Lö**-tkolben und den **_Löffel_**. Glücklicherweise fiel mir gleich eine **Lö**-sung ein: Ich musste den **Lö**-wen nur in den Zoo in der Gasse zum goldenen **_Löffel_** locken. Gesagt, getan: Mit **_Löffel_** und **Lö**-tkolben drängte ich das Tier immer weiter in Richtung Zoo. Und dort standen sie: die **Lö**-wenbändiger. Aber statt mir zu helfen, starrten sie auf die Ohren, die die Form eines **_Löffels_** hatten, und suchten das Weite. Die Wärter flohen durch die Gas-

BILD LINKS: Wer hört gut zu und reagiert schnell genug, um einen Löffel zu ergreifen?

se zum goldenen **Löffel**. Es blieb an mir hängen: Mit **Lö**-wenmut drängte ich das Tier immer weiter voran. Es fauchte und brüllte markerschütternd. Aber schließlich sperrte ich es in den Käfig und verriegelte das kaputte Schloss mit meinem **Lö**-tkolben. Erschöpft sagte ich zu mir: „Puh, noch mal Glück gehabt, heute musstest du noch nicht den **Löffel** abgeben!"

Pädagogische Hinweise:
Das Spiel erfreut sich großer Beliebtheit.

TIME-OUT – DIE AUSZEITMETHODE

Mit einem Time-out bezeichnet man eine Auszeit. In der Schule erteilt die Lehrkraft das Time-out und das betroffene Kind verlässt die Klasse.

Ein konsequentes Time-out zu praktizieren, gestaltet sich in der Schule nicht immer einfach.

Manchmal gibt es Kinder, denen es einfach nicht gelingt, am Unterricht einigermaßen produktiv teilzunehmen. Sie stören ständig, schwätzen, sind nicht zu strukturieren und absorbieren die Aufmerksamkeit der Lehrkraft völlig, sodass Unterricht nicht möglich ist. Für sie kann das Time-out (die Auszeitmethode) eine Hilfestellung sein, damit sie lernen, sich zurückzunehmen und in der Klasse zu bleiben. Ziel ist, sie in den Unterricht zu integrieren, keinesfalls aber sie nur auszuschließen.

Vor einigen Wochen hat mir eine Lehrerin berichtet, dass in ihrer Grundschule jetzt auch das Erziehungsprogramm XY mit Kindern durchgeführt werde und dass sie selbst an den entsprechenden Fortbildungen des Schulamtes teilnehme. Ich habe sie gefragt, wie sich denn das Programm in ihrer Schule auswirke. Sie war ganz begeistert und berichtete mir über das Time-out. Das sei die Methode, die ihr auf der Fortbildung am meisten eingeleuchtet habe. Sie praktiziert es jetzt so: Es gibt eine Verwarnung (gelbe Karte), bei der nächsten Verwarnung kommt die erste rote Karte (das Kind muss für die laufende Stunde aus dem Unterricht). Erhält es im Laufe des Unterrichtstages eine dritte Verwarnung – zweite rote Karte –, werden die Eltern angerufen, damit sie ihr Kind von der Schule abholen.

Eine solche Praxis des Time-out hat mit dem Training von Kindern nichts mehr zu tun. Es zielt ausschließlich auf Bestrafung ab.

Grundsätzlich gilt das Time-out nicht für alle Kinder in der Klasse. Es wird für Kinder angewendet, die sehr stark dazu neigen, den Unterrichtsablauf erheblich zu stören.

Sie sprechen häufig dazwischen, laufen in der Klasse herum, machen unterschiedlichste Geräusche auf ihrem Platz etc., sodass insgesamt der Unterricht nicht in Ruhe und geordnet erfolgen kann.

Vorgehen

Wenn ein Verhalten in der Klasse als besonders störend von der Lehrkraft und den anderen Kindern empfunden wird, erklärt man dem betroffenen Kind, dass man ab jetzt ein Time-out einsetzen wird. Das Kind trainiert mit der Auszeitmethode, sich in der Klasse angemessen zu verhalten.

Dies bedeutet für das Kind Folgendes:

Tritt ein stark störendes Verhalten auf, erhält das Kind ein Signal durch die Lehrkraft. So kann die Lehrkraft den Daumen hochheben und sagen: *„Eins"*. Oder sie zeigt eine farbige gelbe Karte und kommentiert: *„Gelbe Karte"*. Da mit dem Kind bereits vereinbart wurde, wann die Auszeit erteilt wird, und auch hierfür eine Begründung gegeben wurde, spart man sich jetzt lange Erklärungen und analysiert auch nicht zusätzlich das Verhalten des Kindes. Lehrkräfte neigen immer wieder dazu, die Verhaltensweisen von Kindern ständig und ausdauernd zu kommentieren, was letztlich eine Veränderung des Verhaltens erschwert.

Tritt das Verhalten trotz der *Eins* oder der *gelben Karte* wieder auf, erhält das Kind die *Zwei* bzw. die *rote Karte*. Jetzt weiß es, dass bei der *Drei* ein Time-out erfolgt.

Ein Teil der Kinder überprüft, ob es die *Drei* wirklich gibt und ob sie tatsächlich das Unterrichtsgeschehen verlassen müssen. Oft genügt eine einmalige Überprüfung.

Die Mehrzahl der Kinder ist in der Lage, nach der *Zwei* das eigene Verhalten zu regulieren. Sie tun das oft von sich aus, da sie inzwischen das System kennen. Das bedeutet, sie „stiften etwas" zu Beginn der Stunde und dann wieder am Ende der Stunde. So müssen sie den Klassenraum nicht verlassen. Für die Lehrkraft ist dies ebenfalls günstig, weil zwei Ermahnungen sie nicht übermäßig aufregt. Entnervt reagiert sie, wenn ein Kind zehn bis zwanzig Mal wegen der gleichen Sache ermahnt werden muss. Zwei Ermahnungen kann sie in der Regel gut ertragen. Zeigt das Kind dann das gewünschte Verhalten, kann sie es auch problemlos authentisch und mit Empathie akzeptieren und loben.

Kann sich das Kind trotz allem nicht steuern und erhält die *Drei*, so verlässt es den Raum. Es soll erst wieder zurück in die Klasse kommen, wenn es sich beruhigt hat. Kinder, die sofort wiederkommen, haben sich in der Regel nicht beruhigt. Die Mehrzahl der Kinder benötigt etwas Zeit, um dann wieder in der Klasse das eigene Verhalten erfolgreich zu regulieren.

Die meisten Lehrkräfte schicken die Kinder bei der *Drei* vor die Tür oder an einen Auszeit-Ort.

Erhält das Kind nach der Auszeit die vierte Ermahnung, darf es in der jeweiligen Stunde nicht mehr am Unterricht teilnehmen. Es bleibt dann bis zum Ende der Stunde vor der Tür oder in der Nachbarklasse.

Man gibt das Time-out, ohne dabei zu schreien und sich zu erregen. Man bleibt so ruhig wie möglich.

André

André besucht die fünfte Klasse. Er ist ein sehr impulsiver und motorisch unruhiger Junge. Manchmal gelingt es ihm nicht, die notwendige Ruhe zu finden. Sein Klassenlehrer ist deswegen gezwungen, bei ihm die Time-out-Methode anzuwenden.

André unterläuft es aufgrund seines Temperamentes, dass er trotz aller Versuche mehr als zwei Ermahnungen bekommt und doch einmal vor die Tür muss. Kommt er dann wieder zurück, bemüht er sich. Sein Verhalten, seine Versuche sich in die Klasse zu integrieren und auch seine Bemühungen um den Unterrichtsstoff werden von dem Lehrer ausdrücklich gelobt. Er wendet sich André zu und sagt: „So machst du das jetzt gut!"

André ist damit zufrieden und kann problemlos akzeptieren, wenn er vor die Tür muss. Er ist außerordentlich hilfsbereit und manchmal sagt er zu seinem Lehrer: „Wie schön, dass wir so gut zusammenarbeiten."

Erfahrungen und Konsequenzen

Der Einsatz des Time-out in der Schulklasse wurde von uns systematisch beobachtet und ausgewertet. Dabei konnten wir feststellen, dass die Umsetzung der Auszeitmethode sehr gut funktionierte. Fast zu gut. In der Unterrichtsbeobachtung hatten wir den Eindruck, dass die Kinder zu schnell und häufig *gnadenlos* vor die Tür gesetzt wurden.

Von daher wurde die Auszeit-Methode leicht verändert, angeregt durch eine Methode aus der Kindertherapie von Virgina Satir. Sie empfiehlt ein Kind vier Mal zu loben, wenn man es einmal ausgeschimpft hat. So wird dem Kind ermittelt, dass man es weiterhin annimmt und ihm nichts nachträgt. Die Lehrkraft bemüht sich also ein Kind, das nach dem Time-out zurück in die Klasse kommt, vier Mal positiv anzusprechen.

Vier Mal loben im Unterricht gestaltete sich als schwierig. Zunächst achteten die Lehrkräfte auf besondere Verhaltensweisen, die sie loben wollten. Sie fanden oft nichts Besonderes. Gelobt werden soll, wenn das Kind etwas richtig macht, auch wenn andere Kinder dies schon selbstverständlich können: Wenn es mit der Arbeit selbst beginnt, wenn es sein Buch unaufgefordert aufschlägt, wenn es ruhig sitzt... Dann verstärkt man diese Verhaltensweisen mit einem kurzen Lob. So weiß das Kind, dass es auf dem richtigen Weg ist, und wird sich bemühen. Die Lehrkraft lernt dabei, mehr auf das Positive zu achten und es sofort zu verstärken.

Das Time-out funktioniert dann am besten, wenn es nicht in erster Linie als Strafe verhängt wird, sondern:
- als Methode, die die Chance für das Kind erhöht, besser am Unterricht teilnehmen zu können,
- und als Möglichkeit, zur Ruhe kommen zu können.

Günstige Orte für das Time-out

Im Zusammenhang mit dem Time-out wird immer wieder die Frage der Aufsichtspflicht diskutiert – was passieren könnte, wenn das Kind wegläuft oder auf dem Flur etwas anstellt.

Erfahrungen haben gezeigt, dass die meisten Kinder neben der Tür warten und nach einer gewissen Zeit wieder in die Klasse zurückkommen. Ganz selten läuft ein Kind davon. Solange es allein auf dem Flur ist, verhält es sich in der Regel ruhig. Natürlich kommt es im Einzelfall auch einmal vor, dass ein Kind auf den Schulhof geht oder sogar die Schule verlässt.

Wenn mehrere Kinder die *Drei* erhalten haben und sich vor der Tür aufhalten, kommt es oft zwangsläufig zu Störungen.

Lehrkräfte, die sich wegen der Aufsichtspflicht Sorgen machen, praktizieren das Time-out geschickterweise so, dass sie einen Tisch in der Nachbarklasse bereitstellen. Auf diesen Tisch legt man Materialien, die das Kind zu bearbeiten hat, wenn es ein Time-out erhält. Das Kind geht dann bei der *Drei* oder *Vier* in die Nachbarklasse und arbeitet dort an einer ihm gestellten Aufgabe. Dort beschäftigt sich die Lehrkraft nicht weiter mit ihm. Diese Form des Time-outs ist bei den Kindern nicht übermäßig beliebt, da in der anderen Klasse die Schüler beobachten, welches Kind nun an dem Tisch sitzen muss.

Lehrkräfte, die eine erste Klasse übernehmen, können auch in der Klasse einen so genannten *Auszeitstuhl* einrichten. Es sollte ein ganz normaler Stuhl aus der Klasse sein, der an einem ruhigen Ort steht, keinesfalls vor einem Fenster.

Solange das Kind auf dem *Auszeitstuhl* sitzt, darf es den Stuhl nicht bewegen oder mit ihm an eine andere Stelle rücken.

Während des Time-outs auf einem Stuhl ist zu berücksichtigen, dass die Lehrkraft nicht mit dem Kind spricht, dass sie es nicht anschaut und dass sie mit der Klasse auch nicht über das Verhalten des Kindes spricht.

Manchmal ist es notwendig, die Auszeit zu verlängern, da sich das Kind auf dem Stuhl noch nicht genügend beruhigt hat. Wird also die *Vier* gegeben, so legt die Lehrkraft fest, wie lange sich das Kind auf dem Stuhl aufhalten muss. Als Regel empfiehlt sich: doppelte Minutenzahl seines Alters. Für viele Kinder ist es eine Hilfe, wenn die Zeit mit einem Wecker eingestellt wird, so dass dann deutlich signalisiert wird, wann die Auszeit vorbei ist.

Eine ungünstige Lösung ist, die Kinder ins Sekretariat oder zu der Schulleitung zu schicken. Der Aufenthalt im Sekretariat wird von den Kindern als positiv empfunden, weil hier viel „passiert". Muss das Kind zur Schulleitung, neigt diese, wenn sie Zeit hat, dazu, mit dem Kind ein pädagogisches Gespräch zu führen. Sie tut dies in bester Absicht. Sie möchte dem Kind das problematische Verhalten verdeutlichen. Sie unterhält sich mit ihm und ergründet, welche Dinge für das Verhalten des Kindes eine Rolle spielen könnten. Für die Kinder ist dies eine angenehme Form der Unterhaltung und sie verlassen in der Regel den Raum und denken „So übel ist der Rektor/die Rektorin nicht. Zumindest kann man sich gut mit ihm/ihr unterhalten."

„Ich geh nicht raus …"

Manchmal passiert es, dass Kinder bei der *Drei* den Raum nicht verlassen wollen. Die Lehrkraft spricht ein konsequentes Time-out aus *(Eins, Zwei, Drei)* und gibt dem Kind ein entsprechendes Signal, den Raum zu verlassen und sich zu beruhigen. Das Kind sieht sie an und sagt: „Ich geh aber nicht!" Obwohl das Time-out mit dem Kind besprochen wurde, ist es nicht bereit, die Regeln zu akzeptieren. Es weigert sich, den Raum zu verlassen, und verhält sich entsprechend trotzig. Die Lehrkraft ist jetzt gezwungen zu handeln.

Man wiederholt nochmals die Anweisung: „Verlass jetzt bitte den Raum, beruhige dich und dann kannst du wieder zurückkommen." Geht das Kind nicht, ist man gezwungen, es mit *sanftem Druck* vor die Tür zu befördern. Als ungünstig hat sich erwiesen, das Kind von hinten zu umklammern, weil es dann nicht genau weiß, was geschieht und sich in dieser Position sehr gegen die Lehrkraft wehren wird.

Günstiger ist es, das Kind von vorne an den Armen zu fassen und es so vor die Tür zu bringen. Das Kind kann die Lehrkraft sehen und hört auch, was sie sagt. Manche Kinder wehren sich dennoch und sind immer noch nicht bereit, den Raum zu verlassen. Es kann nun notwendig sein, dass man eine Kollegin oder einen Kollegen bittet, Hilfestellung zu leisten.

Man sollte keinesfalls in Panik geraten, besonders ärgerlich werden und vor allem nicht nachgeben. Wenn zwei Lehrkräfte das Kind an *Armen und Beinen* hinausbringen, wird das Kind sich drehen, schimpfen, treten, mit den Armen herumfuchteln und vielleicht auch noch spucken. Obwohl dieser Fall selten ist, kann er in dieser Heftigkeit eintreten.

Aus der Unterrichtsbeobachtung wissen wir, dass kein Kind mehr als viermal vor die Tür gebracht werden musste. Dann hat es akzeptiert, dass ein Time-out in dieser Form stattfindet.

Natürlich hat die Verweigerung des Kindes auch mit der Lehrkraft selbst zu tun. Es kann durchaus sein, dass sie beim Praktizieren des Time-outs nicht immer ganz konsequent war. Da die Verweigerung vor allem bei den Kindern des ersten und zweiten Schuljahres auftritt, spricht vieles für diese Möglichkeit.

Hat die Lehrkraft schon die *Eins* und die *Zwei* gegeben und müsste jetzt eigentlich die Drei geben, denkt sie vielleicht, dass sie in wenigen Minuten die Hausaufgaben erklären will und wenn sie das Kind jetzt vor die Tür schickt, muss sie ihm die Hausaufgaben noch einmal allein in der Pause erläutern. Also gibt sei vorsichtshalber eine *Zweieinhalb*.

Oder sie weiß, dass sie in wenigen Minuten eine Geschichte vorlesen wird. Beim Vorlesen ist das unruhige Kind besonders interessiert. Es hört gebannt zu und hat in dieser Situation noch nie gestört. Also gibt sie jetzt auch die *Zweieinhalb*, um dem Kind diese Phase zu ermöglichen.

Leider aber lernt das Kind auch dabei, dass *Drei* nicht immer *Drei* ist. Es macht die Erfahrung, dass bei dieser Lehrkraft *noch etwas drin ist*, und nutzt dies aus.

Regt sich die Lehrkraft bei der Vergabe des Time-outs sehr auf, so kann sich dies auf das Kind übertragen. Das Kind spürt die Aufregung oder auch Wut und gerät möglicherweise in Panik. In diesem Zustand folgt das Kind keiner Anweisung mehr, sondern blockiert – meist aus Angst – völlig. Hier können auch negative Erfahrungen des Kindes außerhalb der Schule mit hineinspielen. Um eine solche Blockade aufzulösen, ist es vor allem wichtig, dass sich die Lehrkraft beruhigt.

- Eine Prise Theorie
- Stolpersteine
- Die ersten Wochen
- Das Klassenklima
- **Bewährtes und Neues**

Disziplin im Unterricht verbessern

Welche Ideen und Methoden haben sich im Unterricht bewährt, um Disziplin besser zu realisieren?

Es handelt es sich um Methoden, die in jedem Fach eingesetzt werden können, die also jede Lehrkraft berücksichtigen kann.

Es geht nicht darum, wie man fachdidaktisch Unterricht verbessert, sondern wie man Unterrichten ermöglicht, motivierender gestaltet und attraktiver macht. Vorausgesetzt wird, dass der Unterricht vorbereitet ist und inhaltlich in möglichst interessanter Form präsentiert wird.

Die folgenden Anregungen erleichtern Lehrkräften, Unterricht zu halten, mit Störungen umzugehen und Schüler zu trainieren, um ihre Konzentrationsfähigkeit und Motivation zu verbessern.

Manchmal eskaliert eine Situation. Das Verhalten eines Schülers lässt sich kaum noch steuern, bis er schließlich ausrastet. Solche Situationen machen Lehrkräfte besonders hilflos. Manche erstarren und sind handlungsunfähig.

Wie entwickeln sich problematische Situationen?

Marvin, ein dunkelhäutiger Junge. Er wurde in Deutschland geboren und hat mit der deutschen Sprache keine Probleme. Er ist ein lustiger Junge, sehr sportlich, aber auch sehr temperamentvoll. Manchmal provozieren ihn andere Kinder und rufen ihn „Mohrenkopf". Marvin mag dieses Wort überhaupt nicht und regt sich jedes Mal darüber auf.

Während der Pause ärgern ihn wieder einige Kinder und rufen zwar nicht „Mohrenkopf", aber „Dickmann" (Hersteller von Mohrenköpfen). Die Pausenaufsicht registriert den Konflikt und kommentiert: „Stell dich nicht so an. Es ist ja nicht böse gemeint." Marvin akzeptiert die Aussage nicht und rennt hinter den lachenden Kindern her.

„Lass dich doch nicht provozieren!", empfiehlt die Pausenaufsicht.

Marvin jagt unbeeindruckt hinter den Kindern her und regt sich immer mehr auf.

Schließlich holt er sie ein, bespuckt, schubst, tritt und beschimpft sie auf das unflätigste.

> Die Pausenaufsicht eilt ins Gebäude, um Hilfe zu holen, weil sie nicht weiß, was sie tun soll. Sie findet seine Klassenlehrerin, die mit ihm gut auskommt.
>
> Sie fasst Marvin an den Oberarmen und redet ihm gut zu: „Kein Treten, kein Schlagen, kein Spucken – lass es!" Sie nimmt Marvin mit in die Schulstation. Dort setzt er sich hin, trinkt etwas und beruhigt sich langsam.
>
> Nach einer Stunde kann er wieder in die Klasse gehen. Gemeinsam besprechen sie, was zu tun ist. Marvin muss sich entschuldigen, die anderen auch. Marvin akzeptiert.

Phase eins: Der Schüler stellt die Autorität der Lehrkraft infrage.
Deeskalierende Reaktion: ruhig und sachlich auf die Fragen und Vorwürfe des Schülers eingehen.

Phase zwei: Der Schüler ignoriert die Vorschläge der Lehrkraft.
Deeskalierende Reaktion: Klar und deutlich formulieren, welche Handlungsmöglichkeiten der Schüler hat und welche nicht (z.B. andere schlagen).

Phase drei: Der Schüler „rastet aus".
Deeskalierende Reaktion: Emotionale Reaktion zulassen, ihn bestenfalls isolieren und sich selbst beruhigen lassen.

Phase vier: Der Schüler versucht die Lehrkraft oder jemand anders zu provozieren oder zu bedrohen.
Deeskalierende Reaktion: Die Drohungen ernst nehmen, den Schüler beruhigen und ihm deutlich machen, was er nicht tun darf.

Phase fünf: Der Schüler fängt an, sich zu beruhigen und seine Anspannung langsam verlieren.
Deeskalierende Reaktion: Hilfestellung bei der Suche nach Lösungen geben und den Schüler stützen.

Danach fragt man sich:

Wie kann ich die Kontrolle über schwierige Situationen behalten?
Wie bleibe ich selbst ruhig?
Wie verhalte ich mich professionell?

Dinge, die man als Lehrkraft unbedingt tun sollte:

- ruhig bleiben,
- versuchen zuzuhören,
- wenn möglich, den Schüler isolieren,
- unmissverständlich, aber beruhigend auf den Schüler einwirken (deeskalieren – also möglichst nicht selbst schreien),
- Grenzen setzen und ruhig und gelassen verdeutlichen, was der Schüler auf keinen Fall darf (z.B. einen anderen verletzen),
- hellhörig werden in Bezug auf nonverbale Signale (z.B. die Stimmlage verändert sich, das Kind läuft rot an, wird extrem unruhig als Hinweis auf sich steigernde Aggressivität).

Dinge, die man als Lehrkraft keinesfalls tun sollte:

- überreagieren oder selbst in Panik verfallen,
- sich auf Machtkämpfe einlassen,
- Konflikte ignorieren und nicht zur Kenntnis nehmen,
- drohen,
- persönlich werden.

Glücklicherweise erleben wir im Schulalltag nicht nur solche Situationen. Oft sind die Konflikte und Problemsituationen weniger dramatisch, werden aber dennoch nicht gelöst. Von daher gehören auch einfache Techniken und Methoden, die problemlos und präventiv im Unterricht eingesetzt werden können, zum Handlungsrepertoire jeder Lehrkraft.

Das Leisezeichen

Bei jüngeren Kindern ist es nahezu eine Voraussetzung für den Unterricht, dass bestimmte visuelle Signale eingeführt werden, die es Kindern ermöglichen, zur Ruhe zu kommen.

Das Leisezeichen ist hierfür ein gutes Beispiel. Es kann problemlos in den Klassen eins bis sechs eingesetzt werden.

Statt ständiger Ermahnungen und Kritik praktiziert die Lehrkraft das Leisezeichen: Dabei legt sie den Zeigefinger der linken Hand auf die Lippen und hebt die rechte Hand. Wenn sie das Leisezeichen macht, unterbrechen die Kinder ihr Schwätzen und machen auch das Leisezeichen.

Regel ist: Während man das Leisezeichen macht, darf nicht gesprochen werden.

Bild links: Das Leisezeichen gehört zu den obligatorischen Ritualen in jeder Grundschulklasse: rechte Hand heben, linker Zeigefinger auf den Mund und die „Klappe halten".

Es ist ein Ritual. Jüngere erlernen es sehr gern und befolgen es ziemlich zuverlässig. Es ist eine außerordentlich erfolgreiche Methode.

Schüler, die sich beim Einüben der Methode sofort auf das Leisezeichen einlassen können, sollten unbedingt gelobt werden.

Nach einer gewissen Zeit erfolgt es automatisch.

Die Broken-Record-Technique

Als es noch die Schellackplatten gab, konnte es passieren, dass eine Schallplatte einen Kratzer hatte. Dann blieb der Tonarm hängen und es ertönte immer wieder das gleiche Stück Melodie, bis man ihn einige Rillen weiter wieder aufsetzte.

Die Broken-Record-Technique setzt man in der Regel ein, wenn ein Schüler Schwierigkeiten hat, Anweisungen zu befolgen, weil er immer wieder ablenkt.

Dabei ist es wichtig, dass man ruhig bleibt und immer wieder die gleiche Anweisung wiederholt.

> *Mutter:* „Mach den Fernseher aus und fang bitte mit den Hausaufgaben an."
> *Kind:* „Aber ich möchte schnell noch den Schluss von dem Micky-Maus-Film sehen."
> *Mutter:* „Wenn du jetzt nicht mit den Hausaufgaben anfängst, kommst du zu spät in die Konfirmandenstunde."
> *Kind:* „Der Pfarrer ist auch nicht immer pünktlich und ich beeil mich dann auch."
> *Mutter:* „Was hast du überhaupt heute auf?"
> *Kind:* „So gut wie nichts, Deutsch brauche ich erst für nächsten Donnerstag, Mathe haben wir nicht gehabt und Englisch ist nicht viel. Der Film dauert doch nur noch eine Viertelstunde."
> *Mutter (entnervt):* „Also gut, aber heute ist es endgültig das letzte Mal."
>
> **Einsatz Broken-Record-Technique:**
> *Mutter:* „Mach den Fernseher aus und fang bitte mit den Hausaufgaben an."
> *Kind:* „Aber ich möchte schnell noch den Schluss von dem Micky-Maus-Film sehen."
> *Mutter (freundlich):* „Erst die Hausaufgaben, dann der Fernseher."
> *Kinder:* „Aber Mama, es ist doch nur eine Viertelstunde."
> *Mutter (freundlich):* „Erst die Hausaufgaben, dann der Fernseher."
> *Kind:* „Ich habe gar nicht viel auf."
> *Mutter (freundlich):* „Erst die Hausaufgaben, dann der Fernseher."
> *Kind:* „Aber die anderen dürfen auch alle schauen."
> *Mutter (freundlich):* „Erst die Hausaufgaben, dann der Fernseher."
> *Kind (entnervt):* „Mist, also dann schnell."

Eine Lehrkraft möchte erreichen, dass ein Schüler Papier aufräumt und in den Papierkorb bringt. Der Schüler findet aber immer wieder neue Einwände, warum er das Papier nicht aufheben kann. Er hat wahrscheinlich auch gar nicht vor, es in den Papierkorb zu bringen. Die Lehrkraft lässt sich auf keinen seiner Einwände ein. Sie wiederholt die entsprechende Aussage.

> *Lehrkraft:* „Unter deinem Platz liegt sehr viel Papier. Bitte räume das weg."
> *Schüler:* „Ich möchte erst noch schnell den Text zu Ende schreiben."
> *Lehrkraft:* „Erst das Papier aufräumen und wegbringen."
> *Schüler:* „Ich mache das nach der Stunde …"
> *Lehrkraft:* „Erst das Papier aufräumen und wegbringen."
> *Schüler:* „Es ist immer so, dass wir am Ende der sechsten Stunde die gesamte Klasse sauber machen."
> *Lehrkraft:* „Erst das Papier aufräumen und wegbringen."
> *Schüler:* „Das Papier stammt überhaupt nicht von mir."
> *Lehrkraft:* „Erst das Papier aufräumen und wegbringen."
> …
> Schließlich hebt der Schüler das Papier auf und bringt es widerwillig in den Papierkorb.

Manchmal führt diese Technik bei Kindern zu Wutanfällen. Nach einiger Zeit aber stellt man fest, dass das Verhalten ziemlich schnell verändert wird, weil man bereits die Erfahrung gemacht hat, dass es keinen Sinn hat, immer neue Einwände zu finden.

Drei vor mir

Lehrkräfte erleben Schüler, die ständig nachfragen, als besonders anstrengend. Sie verhalten sich unselbständig und scheinen nicht in der Lage, etwas eigenständig zu erarbeiten. Manchmal sind sie auch so erzogen worden. Leider erfahren sie durch ständige Kontaktaufnahme mit der Lehrkraft auch noch Zuwendung und Bekräftigung, sodass es wenig wahrscheinlich ist, dass sie ihr Verhalten freiwillig unterlassen. Die Methode *Drei vor mir* trainiert systematisch mit Schülern, erst alle Hilfsmöglichkeiten auszuschöpfen, das Problem vielleicht selbst mit Hilfsmitteln zu lösen, bevor die Lehrkraft angesprochen wird.

- Bevor die Lehrkraft gefragt wird, versucht man die Antwort auf ein Problem oder eine Frage auf drei unterschiedliche Arten zu ermitteln: Man fragt beispielsweise seinen Nachbarn.
- Man überlegt, welche Hilfsmittel im Raum (Lexikon, Computer etc.) die Erarbeitung der Antwort ermöglichen.
- Man fragt jemand Drittes.

Erst nach den drei Versuchen darf die Lehrkraft angesprochen werden. Ein solches Vorgehen hat den Vorteil, dass die Eigenständigkeit trainiert, das Selbstvertrauen verstärkt und die Fähigkeit, Lösungswege zu entwickeln, gefördert wird.

Die Sandwichtechnik

Manchmal haben Schüler Probleme damit, eine Kritik zu akzeptieren. Besonders ältere fühlen sich häufig zu Unrecht angegriffen, auch wenn im Unterricht Kritik gelegentlich sehr unverblümt, ungerechtfertigt hart und persönlich beleidigend, am Boden zerstörend erfolgt.

Die Sandwichtechnik ist eine Methode, bei der Rückmeldung für den Schüler in drei Schritten gegeben wird.

Es werden zwei positive Rückmeldungen formuliert und zwischen den beiden positiven erfolgt ein Vorschlag, wie man etwas verbessern kann.

> „Du hast einen gut gegliederten und differenzierten Aufsatz geschrieben.
> An den von mir markierten Passagen solltest du deine Argumentation noch einmal bedenken und vielleicht besser begründen.
> Ansonsten ist die Arbeit übrigens auch stilistisch und inhaltlich absolut in Ordnung."

Die Sandwich-Technik eignet sich ebenfalls dazu, Kinder zu motivieren, Aufgaben zu übernehmen:

> „Mir ist aufgefallen, dass du im Umgang mit anderen Kindern sehr hilfsbereit bist. Ich suche im Moment noch jemand, der Susanne beim Schmieren der Brötchen hilft.
> Ich finde, dass du insgesamt auf dieser Freizeit sehr gute Fortschritte machst."
> Natürlich hat sich das Kind sofort bereit erklärt, beim Schmieren der Brötchen zu helfen.

Sätze, die ein Schülerherz erfreuen …

- Ich finde es richtig schön, wie gut du mitarbeitest!
- Das habt ihr so gut gemacht, dafür habt ihr euch eine Pause verdient.
- Besser kann man es gar nicht machen. Weiter so!
- Heute habt ihr so hart gearbeitet, das muss ich unbedingt im Lehrerzimmer erzählen.
- Sehr gut!
- Heute seid ihr meine Lieblingsklasse!
- Heute klappt es wirklich prima!
- Wunderbar. So kann man sich bei euch richtig wohl fühlen!
- Jetzt bin ich ganz zufrieden mit dir!
- Heute hast du so prima gearbeitet, das werde ich am Telefon deinen Eltern berichten.
- Klasse!
- Es freut mich richtig, zu sehen, wie gut es heute klappt!
- Spitze!

Mutters Devise

Auch meine Mutter pflegte zu sagen: „Erst wird gegessen und dann kommt der Nachtisch." Das bedeutet: Schüler arbeiten viel motivierter, wenn sie wissen, es folgt eine Belohnung im Sinne eines „Nachtisches" in der Familie. Nach diesem Grundsatz zu verfahren, bewirkt bei Schülern, dass sie sich gern engagieren und auch bei der Arbeit bleiben. Das Dessert muss aber dann auch folgen.

> Seit Jahren unterrichte ich Deutsch in den Klassen fünf und sechs. Die Deutschstunden sind so gelegt, dass ich jeweils dienstags und donnerstags drei Stunden gebe. Wenn ich als Klassenlehrer den Stundenplan verlese und komme dann am Dienstag und Donnerstag zu Deutsch mit drei Stunden, ist es am Anfang der Klasse 5 nicht so, dass die Schüler eine solche Fülle von Stunden besonders gut finden. Sie empfinden den Zeitraum als sehr lang, weil drei Stunden eines Faches hintereinander unterrichtet werden. In der Klasse habe ich dann beobachtet, dass sich die Kinder durchaus bemühen, konzentriert über einen längeren Zeitraum zu arbeiten. Aber es gibt dann einen Punkt, an dem sie nicht mehr können. Sie haben sich verausgabt, sind erschöpft und brauchen jetzt, wenn man so will, den Nachtisch. In der Klasse 5 geschieht dies häufiger als in der Klasse 6. Manchmal wird eingewendet, dass durch „das Dessert" die Behandlung des Stoffplanes zu kurz kommt.
>
> Ganz im Gegenteil: die Motivation ist gut, die Schüler bemühen sich und es ist nicht notwendig, zu schimpfen oder zu ermahnen. Sie beteiligen sich sehr gut mündlich, arbeiten zuverlässig und diszipliniert in der Gruppenarbeit.

„NACHTISCH"-SPIELE

Im Folgenden werden Spiele und Übungen beschrieben, die mit Sicherheit auf hohe Akzeptanz bei den Kindern treffen und von ihnen als Belohnung erfahren werden. Es sind Übungen und Spiele, die Regeln berücksichtigen und die natürlich auch diszipliniertes Verhalten spielerisch einüben. Es sind alles Spiele, die Kinder hundertprozentig gern spielen, die sie lieben und die sie gern nachmittags durchführen wollen.

1. Risiko

Ziel:
Die Kinder trainieren Teamfähigkeit und Kooperation.

Alter:
ab zehn Jahren

Material:
ein Würfel oder ein großer Schaumgummiwürfel mit den Zahlen eins bis sechs

Dauer:
zwanzig Minuten; beliebig viele Teilnehmer

Durchführung:
Die Schüler bilden Dreiergruppen. Es werden zwei Schiedsrichter bestimmt, die jeweils mitzählen. Ziel jedes Teams ist es, als erstes 70 Punkte zu erwürfeln.

Das Los entscheidet, welches Team startet. Die erste Gruppe beginnt mehrmals zu würfeln. Die gewürfelten Augenzahlen werden von den Schiedsrichtern notiert und addiert. Das Team darf so lange würfeln, bis eine Eins fällt. Dann verfallen alle Augenzahlen des entsprechenden Durchganges (die erreichten Punkte der vorherigen Runden bestehen weiter).

Jede Gruppe muss also vor jedem Wurf neu entscheiden, ob sie das Risiko eingehen und weiterwürfeln oder den Würfel an die nächste Gruppe weitergeben will. Bei einer Eins wandert der Würfel automatisch an die nächste Gruppe weiter, die nun ihrerseits Punkte sammelt, usw. bis eine Gruppe die 70 Punkte erreicht und gewonnen hat.

Pädagogische Hinweise:
Das Spiel stellt hohe Anforderungen an die Zusammenarbeit der Schüler. Bei jedem Wurf müssen sich die Kinder untereinander über das weitere Vorgehen einigen. Kooperation, Kompromisse schließen und das vorausschauende Denken werden so gefördert.

2. Reise nach Timbuktu

Ziel:
Die Kinder üben ihre Konzentration und helfen sich gegenseitig.

Alter:
ab neun Jahren

Material:
Stühle, evtl. Musik

Dauer:
fünf bis zehn Minuten; beliebig viele Teilnehmer

Durchführung:
Zwei Reihen von Stühlen stehen in der Mitte des Raumes. Dabei zeigen die Sitzflächen nach außen und die Lehnen berühren sich:

Die Anzahl der Stühle ist beliebig und steht nicht im Zusammenhang mit der Anzahl an Spielern (anders als bei der *Reise nach Jerusalem*)!

Die Schüler gehen nach Musik um die Stühle herum. Sobald die Musik aussetzt oder ein anderes verabredetes Zeichen eintritt, müssen sich alle Spieler auf die Stühle retten. Dazu können sie sich auf die Stühle setzen, knien oder stellen. Es darf mehr als ein Kind auf einem Stuhl sein. Wer keinen Platz findet, scheidet aus.

Das Ganze beginnt von vorn – jetzt mit weniger Stühlen.

Es wird so lange gespielt, bis nur noch ein Stuhl übrig bleibt. Diejenigen Kinder, die es schaffen, sich auf dem letzten Stuhl einen Platz zu ergattern, gewinnen.

Pädagogische Hinweise:

Die *Reise nach Timbuktu* macht den Kindern sehr viel Spaß. Im Gegensatz zur *Reise nach Jerusalem* scheidet hierbei nicht nach jeder Runde ein Kind aus. Helfen sich die Kinder gegenseitig und finden sie kreative Lösungen, gibt es zum Schluss sehr viele Gewinner.

3. Mumien aus Toilettenpapier

Ziel:
Die Schüler lernen zusammenzuarbeiten, kreativ zu sein und stillzuhalten.

Alter:
ab neun Jahren

Material:
mehrere Rollen (eher reißfestes) Toilettenpapier

Dauer:
zehn bis fünfzehn Minuten; acht bis zehn Kinder als Paare

Durchführung:
Es werden vier bis fünf Paare ausgewählt. Von jedem Paar ist einer die „Mumie". Er muss ganz ruhig und steif stehen können.

Der andere muss ihn von Kopf bis Fuß mit Toilettenpapier umwickeln, so dass nichts mehr von ihm zu sehen ist und er wie eine „Mumie" aussieht.

Gewonnen hat das Paar, das mit seiner „Mumie" zuerst fertig ist.

Die Paare, die mit der „Mumie" fertig sind, werden aufgefordert, als „Mumie" ruhig stehen zu bleiben, bis alle Paare fertig sind. Dann zählt man bis drei und alle Mumien befreien sich mit ruckartigen Bewegungen aus ihrem Toilettenpapier, was fantastisch aussieht!

Pädagogische Hinweise:
Technisch ist es am geschicktesten, mit dem Einwickeln bei den Füßen anzufangen, da so das Toilettenpapier nicht so leicht reißt.

BILD RECHTS: Wer ist nicht gerne einmal eine Mumie? Achtung: beim Einwickeln von zu vielen Mumien können Engpässe auf der Schultoilette entstehen.

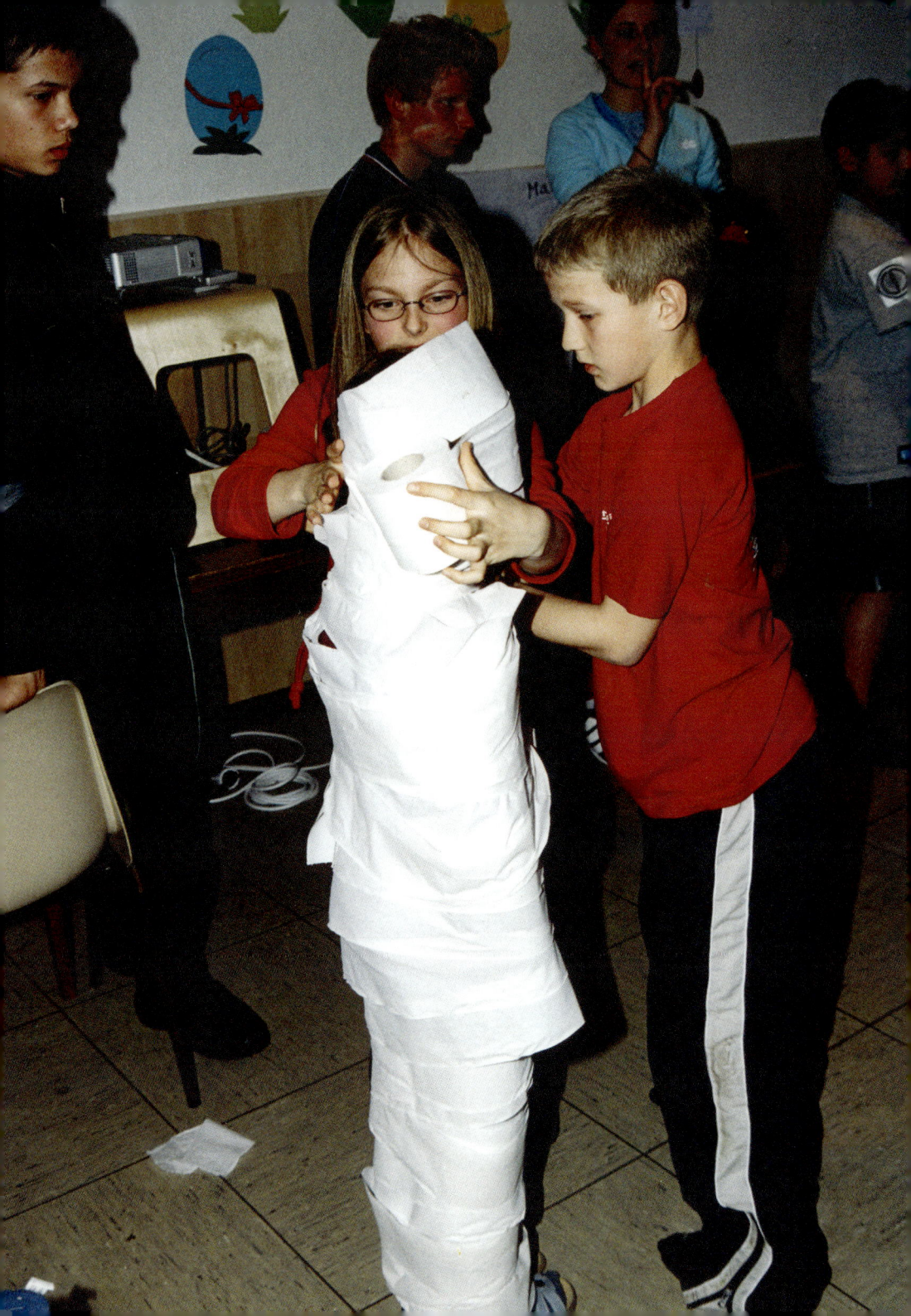

4. Opa plätschert lustig in der Badewanne

Ziel:
Das Spiel fördert die verbale Kreativität der Kinder.

Alter:
ab elf Jahren

Material:
Papier und Stifte

Dauer:
zehn bis fünfzehn Minuten; beliebig viele Teilnehmer in Tischgruppen

Durchführung:
Auf große Papierbögen (entsprechend der Anzahl der Schüler) wird oben der Satz „Opa plätschert lustig in der Badewanne" geschrieben. Jeder erhält einen Stift. Der erste knickt den Satz um und schreibt unter den Satz ein neues Subjekt (z.B. Frau Müller oder der Weihnachtsmann), knickt seinen Bogen um und reicht ihn an seinen rechten Nachbarn. Dieser schreibt ein anderes Prädikat/Tätigkeitswort (z.B. kreischt, hüpft), knickt den Bogen um und reicht ihn weiter zum Nächsten, der sich eine adverbiale Bestimmung der Art und Weise (z.B. nachdenklich, glücklich, entsetzt usw.) ausdenkt, wieder faltet und an den Letzten übergibt, der nun die Ortsbestimmung verändert (z.B. im Flugzeug, im Tunnel, auf der Wiese usw.).
Die neu entstandenen – sehr witzigen – Sätze werden zum Abschluss vorgelesen.

Pädagogische Hinweise:
Die Schüler sind immer sehr gespannt, welche neuen Sätze sich ihre Klassenkameraden ausgedacht haben.

5. Familie Schnippel

Ziel:
Die Schüler lernen, genau hinzuhören und zu kooperieren.

Alter:
ab neun Jahren

Material:
Zettel mit den Namen der Familienmitglieder

Dauer:
fünfzehn Minuten; beliebig viele Teilnehmer

Durchführung:
Die fünf Familienmitglieder sind: Oma, Mutter, Vater, Kind und Hund. Je nach Spieleranzahl werden Zettel ausgeteilt, auf denen Familiennamen und Familienstand aufgeschrieben sind (z.B. Oma Schnippel, Vater Schnippel usw.).
Die Spieler dürfen die zusammengefalteten Zettel erst auf ein Zeichen des Spielleiters öffnen und lesen. Sie sollen dann versuchen, die übrigen Familienmitglieder gleichen Namens möglichst rasch zu finden. Da die Familiennamen sehr ähnlich lauten, ist das gar nicht so einfach. Wenn die einzelnen Familienmitglieder einander gefunden haben, müssen sie folgende Formation bilden:
Der Opa setzt sich auf den Stuhl, der Vater setzt sich auf seinen Schoß, die Mutter auf den Schoß des Vaters, das Kind auf den Schoß der Mutter und der Hund auf den Schoß des Kindes.
Die Familie, die zuerst komplett sitzt, hat gewonnen.
Die Familiennamen sollten ähnlich klingen: z.B. Sippel, Tippel, Rippel, Knippel, Fippel etc.

Pädagogische Hinweise:
Dieses Spiel eignet sich auch sehr gut als Kennenlernspiel in neuen Klassen und Gruppen. Auch auf Festen, die mit Kindern und Eltern gemeinsam durchgeführt werden, erfreut es sich großer Beliebtheit.

6. Teekessel raten

Ziel:
Die Schüler üben sich darin, kreativ zu denken und zu beschreiben.

Alter:
ab sieben Jahren

Material:
keines

Dauer:
zehn bis fünfzehn Minuten; zwei Kinder vor der Klasse

Durchführung:
In jeder Sprache gibt es Wörter, die einen doppelten Sinn oder mehrere verschiedene Bedeutungen haben.
Unter „Teekessel" versteht man ein Wort, das zwei oder noch mehr Bedeutungen hat, wie z.B. Bank, Presse, Messe usw. Nach der üblichen Spielart vereinbaren zwei Kinder heimlich einen „Teekessel" und beginnen, ihn zu beschreiben, wobei sie statt des eigentlichen Wortes immer „Teekessel" sagen, z.B.:

„Mein Teekessel steht im Park. Mein Teekessel ist aus Holz. Auf meinem Teekessel kann man sitzen…"

Es kommt dabei darauf an, treffende Beschreibungen des Teekessels zu geben, ohne ihn gleich zu verraten. Dies gelingt den beiden vielleicht nicht immer.

Wer einen „Teekessel" weiß, sucht sich ein anderes Kind, hat das Wort einen dreifachen Sinn, nimmt er noch ein weiteres Kind hinzu. Er teilt den Partnern das gefundene Wort mit und jeder Partner muss nun eine Bedeutung des Wortes vertreten.

Die anderen Schüler sollen nun das Wort erraten, indem sie jedem Redner, der über die Eigenschaften seines „Teekessels" berichtet, genau zuhören, ohne ihn zu unterbrechen oder ihn zu befragen. Wer zuerst das richtige Wort erraten hat, ruft es aus und wird dadurch Sieger.

Variante:

Alle Mitspieler sollen den „Teekessel" auf treffende, aber nicht verratende Art beschreiben. Nur einer wird hinausgeschickt, bis man sich auf einen „Teekessel" geeinigt hat. Dann wird er wieder hereingerufen und die Beschreibung fängt an. Wer etwas weiß, meldet sich, damit nicht alle durcheinander reden. Man kann auch reihum etwas sagen lassen.

Pädagogische Hinweise:

Es gibt eine Vielzahl an „Teekesseln", z.B.:

Krone	Währung – Königskrone
Käfer	Tier- Auto
Fingerhut	Nähutensiel – Blume
Knete	Modelliermasse – Geld
Schatz	Goldschatz – Liebling
Maus	Computermaus – Tier
Ring	Boxring – Schmuck
Decke	Zimmerdecke – Zudecke
Melone	Hut – Frucht
Iris	Teil des Auges – Mädchen – Blume
Linse	Teil des Auges – Hülsenfrucht
Zunge	Körperteil – Teil des Schuhs
Löffel	Besteck – Hasenohren
Kerze	Wachskerze – Turnübung
Rolle	Walze – Rolle im Film
Fliege	Insekt – Krawattenart
Krebs	Schalentier – Krankheit
Stock	Etage – Holzstange – Bienenhaus
Taube	Vogel – Schwerhörige
Flügel	Teil des Vogels – Klavier

Feder	Gefieder – Sprungfeder – Schreibfeder
Veilchen	Blume – blaues Auge
Kater	Katze – Zustand nach zuviel Alkohol
Nagel	Fingernagel – Metallstift
Mutter	Frau – Schraubenverschluss
Drache	Ungeheuer – Flugobjekt

7. To-ma-ten-sa-lat

Ziel:
Die Schüler üben sich im genauen Zuhören und trainieren ihre Konzentrationsfähigkeit.

Alter:
ab acht Jahren

Material:
keines

Dauer:
fünfzehn Minuten; beliebig viele Teilnehmer

Durchführung:
Die Kinder sitzen im Kreis, ein Kind geht vor die Tür. Es soll das Wort erraten, das alle Kinder gleichzeitig, in Silben aufgeteilt, rufen werden.
Das Kind soll z.B. das Wort „Tomatensalat" erraten.
Die im Kreis sitzenden Kinder werden in Gruppen aufgeteilt. Gruppe eins wird „To, to, to usw." rufen, Gruppe zwei „ma, ma, ma usw.", Gruppe drei „ten, ten, ten usw." – bis für jede Silbe des Wortes eine Gruppe eingeteilt ist.
Auf Kommando beginnen alle Gruppen gleichzeitig zu rufen. Sie schreien ihre Silbe so lange, bis das Kind das gesuchte Wort geraten hat.
Dann kann das nächste Kind vor die Tür gehen, ein neues Wort wird in Silben aufgeteilt.

Pädagogische Hinweise:
Je älter die Kinder sind, desto schwierigere Wörter können gewählt werden.
Anfangs sollten die Gruppen entsprechen der Reihenfolge der Silben nebeneinander sitzen. Später können die einzelnen Gruppen mit ihren Silben durcheinander sitzen, was das Erraten des Wortes erheblich erschwert.
Selbstverständlich können die Kinder sich selbst Wörter ausdenken.

8. Zwinkern

Ziel:
Mit diesem Spiel trainieren die Kinder sowohl ihre Konzentrations- als auch ihre Reaktionsfähigkeit.

Alter:
ab acht Jahren

Material:
keines

Dauer:
zehn bis fünfzehn Minuten; beliebig viele Teilnehmer

Durchführung:
Alle Kinder sitzen im Kreis. Es wird abgezählt: eins, zwei; eins, zwei usw., so dass sich zwei Gruppen bilden. Jedes zweite Kind steht auf und stellt sich hinter den Stuhl seines linken Nebenmannes.
Ein Spieler muss übrig bleiben. Er hat einen leeren Stuhl vor sich. Er muss sich nun durch List oder Tücke ein anderes Kind herbeizwinkern. Er sucht sich ein Kind aus, zwinkert ihm verstohlen mit den Augen zu und dieses Kind stürzt sich auf den freien Stuhl, wenn sein Hintermann es nicht rechtzeitig festhält. Die Hintermänner müssen die Hände auf den Rücken legen und blitzschnell ihren sitzenden Vordermann an der Schulter festhalten. Wem dieser entschlüpft ist, der ist dran mit „Zwinkern".
Nach einer Weile tauschen die Stehenden mit den Sitzenden die Plätze und die Zwinkerei geht lustig weiter.

Pädagogische Hinweise:
keine

9. Bingo [20]

Bingo ist bei Kindern ein sehr beliebtes Trainingsspiel. Es eignet sich vor allem für Kinder, die Verhaltensprobleme haben und von daher schwer im Unterricht zu integrieren sind.

Man erreicht ein Bingo, wenn man fünf Kästchen von oben nach unten, quer und diagonal anstreichen kann.

Am Ende des Unterrichtstages legt der Schüler sein Bingospiel vor. Er bespricht mit der Lehrkraft, ob er an diesem Tag ein, zwei oder mehrere Felder ankreuzen

---
[20] frei nach einer Idee von Bianco, A. (2002). One-Minute Discipline. San Francisco: Jossy-Bass, S. 194f.

Beispiel für eine Bingokarte:

B	I	N	G	O
Ich komme Aufforderungen sofort nach.	In der Pause spiele ich friedlich mit anderen.	Ich melde mich.	🌸	Ich beginne sofort mit der Stillarbeit.
🌸	Ich beschwere mich nur selten.	Ich komme Aufforderungen sofort nach.	Ich mache meine Hausaufgaben und kann sie vollständig vorlegen.	Ich beteilige mich am Unterricht.
Ich vermeide Schimpfwörter.	Ich bleibe auf meinem Platz sitzen.	🌸	Ich bin ein guter Klassenkamerad.	Ich nehme Rücksicht auf das Eigentum anderer Kinder.
Ich bin höflich und zuvorkommend zu anderen.	Ich bin lustig.	Ich räume auf und kehre rund um meinen Arbeitsplatz.	Ich helfe meinem Freund, wenn er bei der Arbeit nicht weiterkommt.	🌸
Ich teile mit anderen Kindern.	🌸	Ich mache das Leisezeichen.		

kann. Wenn er ein Bingo geschafft hat, erhält er eine kleine Belohnung. Die einzelnen vorgeschlagenen Felder können mit Aufgaben gefüllt werden, die sich individuell an den Problemen des Schülers orientieren. Von daher wurden zwei Felder freigelassen. Einzelne Trainingsanforderungen können auch mehrfach vorkommen.

Man kann also für ein Kind ein ganz individuelles Bingo anlegen.

In jeder Reihe befindet sich ein Kleeblatt. Es hat die Funktion eines Jokers. Man benötigt dadurch für eine Bingoreihe nur vier Kästchen, die erfüllt werden müssen.

Die Mehrzahl der Schüler wird zunächst eine kleine materielle Belohnung benötigen. Sie sprechen kaum noch auf soziales Lob an.

Von daher empfiehlt es sich, eine kleine Kiste mit kleinen, aber attraktiven Preisen vorzubereiten und immer dann, wenn eine Bingoreihe erreicht wurde, zu belohnen.

Natürlich wollen auch andere Schüler einmal eine Bingokarte ausfüllen. Hier sind dann die Anforderungen individuell zu gestalten – z.B. für ein Kind, das schlecht liest oder Probleme beim Schreiben hat etc.

Die Bingokarten lassen sich sehr gut bei der Modifikation von Verhalten einsetzen, erfreuen sich aber auch im Lernbereich großer Beliebtheit.

Die Methode spricht vor allem Kinder bis zum Alter von zwölf Jahren an.

ERZIEHUNGSVERTRÄGE

Den Schulen wird heutzutage vom Gesetzgeber mehr Gestaltungsspielraum zugedacht. Jede Schule soll ein eigenes Schulprogramm entwerfen. In diesem Zusammenhang werden in einigen Bundesländern so genannte *Erziehungsverträge* entwickelt und erprobt.

Sinn solcher Erziehungsverträge soll sein, dass die Eltern und die Schule gemeinsam die Erziehung im Sinne der Kinder übernehmen. Hierzu gehört zunächst, dass man sich über gemeinsame Werte verständigt. Aus diesen Werten und Erziehungszielen werden Verhaltensregeln abgeleitet. Es kann unterschieden werden zwischen Pflichten und Rechten. Erziehungsverträge können also Regeln formulieren, die allen Beteiligten, also Eltern, Lehrern und Schülern, im Erziehungsprozess bestimmte Aufgaben und Zuständigkeiten zuschreiben. Solche Erziehungsverträge haben zwar keine tatsächlichen juristischen Konsequenzen, sie sollen aber eine höhere Verbindlichkeit bewirken. Erziehungsverträge sollen regelmäßig evaluiert, also auf ihre Auswirkung hin untersucht, werden.

Ausdauer wird früher oder später belohnt, meistens aber später.
(Wilhelm Busch)

Erziehungsverträge werden im Zusammenhang mit mehr Disziplin in den Schulen genannt, wobei sie nicht zur Disziplinierung der Schüler missbraucht werden sollen.

Erziehungsverträge kann man zwischen Schülern und Lehrkräften und Eltern abschließen. Sie haben den Vorteil, dass alle Beteiligten über das Verhalten des Schülers informiert sind. Sie helfen ihm, Fehlverhalten zu verändern.

Es gibt auch Erziehungsverträge, die nur zwischen Schülern und Lehrern getroffen werden, an denen die Eltern nicht beteiligt sind. Diese Erziehungsverträge regeln das Verhalten der Schüler in der Schule.

Viele Lehrer und auch Eltern begrüßen die Idee von Erziehungsverträgen, haben aber bei der Umsetzung im Schulalltag Schwierigkeiten.

Die folgenden Verhaltensverträge sind Möglichkeiten, wie man ganz konkret mit schwierigen Schülern erwünschte Verhaltensweisen einüben kann. Diese Verhaltensverträge berücksichtigen, dass Probleme in der Schule oft damit zusammenhängen, dass viele Kinder und Jugendliche Schwierigkeiten haben ihr Verhalten richtig einzuschätzen. Diese Schüler unterschreiben zwar bereitwillig den Erziehungsvertrag, ändern aber ihr Verhalten nicht.

Verhaltensvertrag I[21]

Mit Hilfe des ersten Vertrages (S. 187) lernt das Kind, sich selbst einzuschätzen. Die Lehrkraft vereinbart mit dem Kind bis zu drei Verhaltensweisen, auf die es achtet.

Es beurteilt selbst, ob es die Verhaltensweisen zeigen konnte oder nicht. Schafft das Kind, ein Verhalten zu zeigen (z.B. sich zu melden), umkreist es den lachenden Stern ☆.

Hat es sich manchmal gemeldet, umkreist es den neutralen Stern ☆.

Hat es sich an einem Tag nur sehr selten gemeldet oder gar nicht, umkreist es den traurigen Stern ☆.

Die Bewertung erfolgt jeweils am Ende einer Stunde oder eines Tages.

---

[21] Verhaltensverträge orientiert an Bianco, A., a.a.O., S. 232ff.

VERHALTENSVERTRAG

Name: _____

Lehrkraft: _____

Datum: vom _____ bis _____

Umkreise an jedem Tag, wie gut dir ein Verhalten gelungen ist:

☆ *Super, ganz prima!* ☆ *In Ordnung!* ☆ *Schwach, gar nicht gut!*

Verhaltensweise	Montag	Dienstag	Mittwoch	Donnerstag	Freitag
1.) _____ _____ _____	☆☆☆	☆☆☆	☆☆☆	☆☆☆	☆☆☆
2.) _____ _____ _____	☆☆☆	☆☆☆	☆☆☆	☆☆☆	☆☆☆
3.) _____ _____ _____	☆☆☆	☆☆☆	☆☆☆	☆☆☆	☆☆☆

_____ _____
Unterschrift Schüler/in   Unterschrift Lehrkraft

Verhaltensvertrag II

Auch beim zweiten Verhaltensvertrag geht es darum, dass ein Kind lernt, sich und sein Verhalten einzuschätzen.

Die Bewertung ist hier einfacher. Das Kind entscheidet, ob es etwas leisten konnte oder nicht. Konnte es z.B. pünktlich sein, umkreist es das „Ja", hat es dies noch nicht geschafft, umkreist es das „Nein".

In der Regel bewertet das Kind den Schulvormittag.

Kürzere Intervalle (z.B. eine Schulstunde) und andere Trainingsvereinbarungen sind selbstverständlich möglich.

VERHALTENSVERTRAG

Name: _____

Lehrkraft: _____

Datum: vom _____ bis _____

Umkreise an jedem Tag, ob dir Folgendes gelungen ist:

Verhaltensweise	Montag	Dienstag	Mittwoch	Donnerstag	Freitag
1.) Ich war pünktlich.	JA / NEIN	JA / NEIN	JA / NEIN	JA / NEIN	JA / NEIN
2.) Ich konnte ruhig arbeiten.	JA / NEIN	JA / NEIN	JA / NEIN	JA / NEIN	JA / NEIN
3.) Ich habe mich angemessen verhalten.	JA / NEIN	JA / NEIN	JA / NEIN	JA / NEIN	JA / NEIN
4.) Ich habe gut mitgearbeitet.	JA / NEIN	JA / NEIN	JA / NEIN	JA / NEIN	JA / NEIN
5.) Ich war höflich.	JA / NEIN	JA / NEIN	JA / NEIN	JA / NEIN	JA / NEIN

_____   _____
Unterschrift Schüler/in   Unterschrift Lehrkraft

Gemeinsam ans Ziel

Gemeinsam ans Ziel ist eine Übung, in der Kinder lernen, ihre eigenen Sichtweisen mit denen anderer zu vergleichen (S. 191).

Dazu vereinbaren Lehrkraft und Schüler eine bis maximal drei Verhaltensweisen, die gemeinsam protokolliert werden. Jeweils am Ende des Schultages (oder nach einer Unterrichtsstunde) bewerten Lehrkraft und Schüler, ob der Schüler die vereinbarte(n) Verhaltensweise(n) zeigen konnte oder nicht.

Beiden stehen drei Gesichter zur Verfügung. Jeder entscheidet für sich, welches Gesicht zutrifft:

☆, wenn es gut geklappt hat, ☆ bei mittelmäßigem und ☆ bei gar keinem Erfolg.

Bei *Gemeinsam ans Ziel* erhält das Kind immer dann einen Punkt, wenn die Beurteilungen übereinstimmen – gleichgültig um welches Gesicht es sich handelt.

Die Übung ist besonders dann reizvoll für Kinder, wenn sie mit einem Belohnungssystem gekoppelt wird: Jedes Mal, wenn die Einschätzung von Lehrkraft und Kind übereinstimmen, erhält das Kind einen Punkt. Die Punkte sammelt es und bei einer bestimmten Anzahl kann es sie in einen Preis umtauschen (ein kleines Spielzeug, einmal Hausaufgabenfrei etc.).

GEMEINSAM ANS ZIEL

Name: _____

Lehrkraft: _____

Datum: vom _____ bis _____

Du und deine Lehrerin/dein Lehrer kreuzen jeweils ein Smiley an. So beurteilt jeder von euch, ob dir bestimmte Dinge schon gelungen sind:

☆ Super, ganz prima!   ☆ In Ordnung!   ☆ Schwach, gar nicht gut!

Du machst ein Kreuz in der Spalte S (Schüler), deine Lehrerin/dein Lehrer bei L (Lehrer). Stimmen eure Kreuze überein, gibt es einen Punkt.

Verhaltens-weise	Montag		Dienstag		Mittwoch		Donnerstag		Freitag	
	S	L	S	L	S	L	S	L	S	L
1.) _____ _____ _____	☆ ☆ ☆	☆ ☆ ☆	☆ ☆ ☆	☆ ☆ ☆	☆ ☆ ☆	☆ ☆ ☆	☆ ☆ ☆	☆ ☆ ☆	☆ ☆ ☆	☆ ☆ ☆
2.) _____ _____ _____	☆ ☆ ☆	☆ ☆ ☆	☆ ☆ ☆	☆ ☆ ☆	☆ ☆ ☆	☆ ☆ ☆	☆ ☆ ☆	☆ ☆ ☆	☆ ☆ ☆	☆ ☆ ☆
3.) _____ _____ _____	☆ ☆ ☆	☆ ☆ ☆	☆ ☆ ☆	☆ ☆ ☆	☆ ☆ ☆	☆ ☆ ☆	☆ ☆ ☆	☆ ☆ ☆	☆ ☆ ☆	☆ ☆ ☆

_____   _____
Unterschrift Schüler/in   Unterschrift Lehrkraft

Literatur

Bateman, B. D.; Golly, A.(2003).
Why Johnny Doesn't Behave.
Verona: IEP.

Bianco, Arnie (2002).
One-Minute Discipline. Classroom Management Strategies That Work!
San Francisco: Jossey-Bass.

Breeden. T.; Edgan E. (1997).
Positive Classroom Management.
Nashville, TN: Incentive Publications, Inc.

Canter, L.; Canter, M. (2001).
Assertive Discipline.
Los Angeles: Canter & Associates Inc.

Charles, C. M. (2005).
Building Classroom Discipline.
Boston: Pearson Education Inc.

Glickmann, C. D.; Gordan, S. P.; Ross-Gordon, J. M. (1998).
Supervision of Instruction.
Boston: Allyn & Bacon.

Gysi, Monika; Schwanenberg, Nicole (2003).
ADHS macht Schule!
in: ADHD-Kinder in der Schule. Aufsätze für Eltern und Pädagogen. AÜK (Hrsg.).
Berlin: BV AÜK.

Iverson, A. M. (2003).
Building Competence in Classroom Management and Discipline.
New Jersey: Merrill Prentice Hall.

Jefferys, Karin; Noack, Ute (2001).
Streiten – Vermitteln – Lösen. Das Schüler-Streit-Schlichter-Programm.
Lichtenau: AOL Verlag.

Oaklander, Violet (2004).
Gestalttherapie mit Kindern und Jugendlichen (13. Aufl.).
Stuttgart: Klett-Cotta.

Ronald, L. (1999).
Classroom Teacher's Survival Guide.
Paramus NJ: The Center of Supplied Research and Education.

Ravens-Sieberer, Ulrike; Thomas, Christiane (2003).
Gesundheitsverhalten von Schülern in Berlin.
Ergebnisse der HBSC-Jugendgesundheitsstudie 2002 im Auftrag der WHO.
Berlin: Robert Koch Institut.

Rotthaus, Wilhelm; Trapmann, Hilde (2004).
Auffälliges Verhalten im Jugendalter.
Handbuch für Eltern und Erzieher – Band 2.
Dortmund: verlag modernes lernen.

Ryan, Kevin (2003).
Those Who Can, Teach.
Boston: Houghton Mifflin Co.

Shore, Kenneth (2003).
Elementary Teacher's Discipline Problem Solver.
San Francisco: Jossey-Bass.

Spitzer, Manfred (2003).
Verdacht auf Psyche.
Stuttgart: Schattauer.

Thompson, J. G. (1998).
Discipline Survival Kit for the Secondary Teacher.
Paramus NJ: The Center of Applied Research in Education.

Trapmann, Hilde; Rotthaus, Wilhelm (2004).
Auffälliges Verhalten im Kindesalter.
Handbuch für Eltern und Erzieher – Band 1.
Dortmund: verlag modernes lernen.

Walker, Jamie (2001).
Mediation in der Schule.
Berlin: Cornelsen Scriptor.

Winkel, Rainer (2005).
Der gestörte Unterricht (7. völlig überarbeitete Auflage).
Baltmannsweiler: Schneider Verlag Hohengehren.

Engagiert unterrichten.
Natürlich lernen.

Empfehlungen aus unserem Programm:

D. Krowatschek,
G. Krowatschek, G. Wingert
Disziplin im Klassenzimmer
Bewährtes und Neues:
Ein Erziehungsprogramm
aus der Praxis

Disziplinprobleme nehmen zu – mit tiefgreifenden Auswirkungen auf den Lern- und Erziehungserfolg. Dieser Praxisband zeigt Ihnen Wege zu mehr Konsequenz in der Erziehung und bietet konkrete Hilfestellungen, die Sie direkt im Unterricht einsetzen können.
Die Lösung für Disziplinprobleme im Unterricht!

→ Klasse 1–8, Buch, 197 Seiten, DIN A5, **Nr. 5840**

Holger Domsch,
Dieter Krowatschek
Förderpläne – kein Problem
Beobachten, entwickeln, durchführen, evaluieren

Kinder zu fördern ist fester Bestandteil Ihres Arbeitsalltags. Doch die Frage ist: Wie gehen Sie hierbei methodisch und didaktisch vor? Dieses Buch erleichtert Ihnen durch zahlreiche Formulierungshilfen und Vorlagen die Erstellung von Förderplänen.
Ohne Stress Förderpläne erstellen!

→ alle Klassenstufen, Buch, 78 Seiten, DIN A5, inkl. CD-ROM, **Nr. 5507**

Elizabeth Breaux
Alle Schüler erreichen & erfolgreich unterrichten
Erprobte Handlungsmuster für alle Fälle und alle Klassen

Der Lehrerberuf ist ein Beziehungsberuf schlechthin, denn schließlich geht es nicht „nur" um die Wissensvermittlung, sondern auch um die Fähigkeit, die Schüler zu erreichen. In diesem Buch finden Sie Tipps, wie Sie sinnvoll auf Schüler eingehen können. Handlungsmaßnahmen für typische Situationen im Lehreralltag helfen bei der Umsetzung.
Auf den Punkt gebracht: Was Lehrer im Unterricht tun und lassen sollten!

→ alle Klassenstufen, Buch, 168 Seiten, DIN A5, **Nr. 8134**

Christine Born
**Kleines Kraftpaket
für Lehrer/-innen**
Wellness für den Lehr-Körper

Endlose Konferenzen in miefigen Räumen? Nervige Schüler? Besserwisserische Eltern? Das „Kleine Kraftpaket" gibt Tipps zum Überleben in einem turbulenten Schulalltag. Die Autorin Christine Born versteht es, unterhaltsam, erfrischend und informativ hinter die Kulissen des Schulalltags zu schauen.
Das perfekte Buch für gestresste Lehrer und das ideale Geschenk für nette Kollegen!

→ alle Klassenstufen, Buch, 137 Seiten, 10,5 x 16,8 cm, **Nr. 5669**

Unser Bestellservice:

Das komplette Verlagsprogramm finden Sie in unserem Online-Shop unter: www.aol-verlag.de

Bestellung per Telefon: 040-32 50 83-060
Bestellung per E-Mail: info@aol-verlag.de

Engagiert unterrichten.
Natürlich lernen .

Empfehlungen aus unserem Programm:

Thomas Grüner, Franz Hilt, Corinna Tilp
Bei STOPP ist Schluss!
Werte und Regeln vermitteln

Sie wollen auch schwierige Schulklassen routiniert führen? Ihren Schülern positive Werte und eine gute Arbeitshaltung vermitteln?

Mit unserem Bestseller „Bei STOPP ist Schluss!" führen Sie verlässliche Regeln des Zusammenlebens und Zusammenarbeitens ein und befähigen Ihre Schüler, diese Regeln einzuhalten.
So setzen Sie Grenzen und führen auch schwierige Schulklassen routiniert!
→ alle Klassenstufen, Buch, 110 Seiten, DIN A4, **Nr. 5720**

Annette Breaux, Todd Whitaker
Die sieben Geheimnisse guter Lehrer
Die wesentlichen Erfolgsformeln kennen und anwenden

Wer möchte nicht ein guter Lehrer sein, bei dem die Schüler gern und motiviert lernen? Dieses Buch lüftet die sieben Geheimnisse der besten Lehrer! Mit vielen Beispielen aus der Praxis und hilfreichen Tipps zu Motivation, Unterrichtsplanung oder Klassen- und Konfliktmanagement gibt es Ihnen nicht nur hilfreiche Strategien an die Hand, sondern nimmt auch häufige Fragen und Probleme vorweg.
Was die besten Lehrer wissen und tun!
→ alle Klassenstufen, Buch, 168 Seiten, DIN A5, **Nr. 8135**

Thomas Unruh
Der Lehrer-Coach
Praxiserprobte Tipps für den Lehreralltag

Wie verhindere ich ein Burn-out? Wie verschaffe ich mir Respekt in der Klasse? Wie gehe ich mit Eltern um? Der erfahrene Lehrerausbilder Thomas Unruh beantwortet dringende Lehrerfragen und gibt praktische Hilfestellungen für den Berufsalltag. Checklisten sorgen für einen schnellen Überblick über die eigene Situation.
Handfeste Hilfe für Alltagsprobleme im Lehrerleben!
→ alle Klassenstufen, Buch, 126 Seiten, DIN A5, **Nr. 5482**

Unser Bestellservice:

Das komplette Verlagsprogramm finden Sie in unserem Online-Shop unter: www.aol-verlag.de

Bestellung per Telefon: 040-32 50 83-060
Bestellung per E-Mail: info@aol-verlag.de